Wolfgang Klee

Eisenbahn-Landschaft

Baden-Württemberg

Titelbild: Auf der Bodensee-Gürtelbahn an der Wallfahrtskirche Birnau
Foto: Dieter Kempf

Das Foto auf Seite 33 stammt von Dr. Wolfgang Fiegenbaum, die Fotos auf den Seiten 46 bis 48, 57, 58, 70 und 93 sind von Friedhelm Weidelich, alle übrigen vom Verfasser.

Abdruck der Karte auf Seite 4 mit freundlicher Genehmigung der Deutsche Bahn AG, Geschäftsbereich Fernverkehr, Kursbuchredaktion.

Klee, Wolfgang:
Eisenbahn-Landschaft Baden-Württemberg. –
1. Aufl.
Berlin: Transpress, 1994. – 136 S.: 133 Abb., davon 16 farbig

ISBN 3-344-70910-0

© 1994 by transpress Verlagsgesellschaft mbH,
Borkumstr. 2, 13189 Berlin
Einbandgestaltung: Jürgen Schumann
Layout: Wolfgang Klee
Satz: Satzstudio MediaSoft Berlin
Druck: Gulde-Druck, Tübingen
Bindung: K. Dieringer, Gerlingen

Inhaltsverzeichnis	Seite
Übersichtskarte	4
Vorwort	5
Einleitung	6
Auf der Hauptbahn zum Bodensee	14
Schwarzwaldbahnen	50
Vom Bodensee nach Stuttgart	81
Bahnen im Norden	112

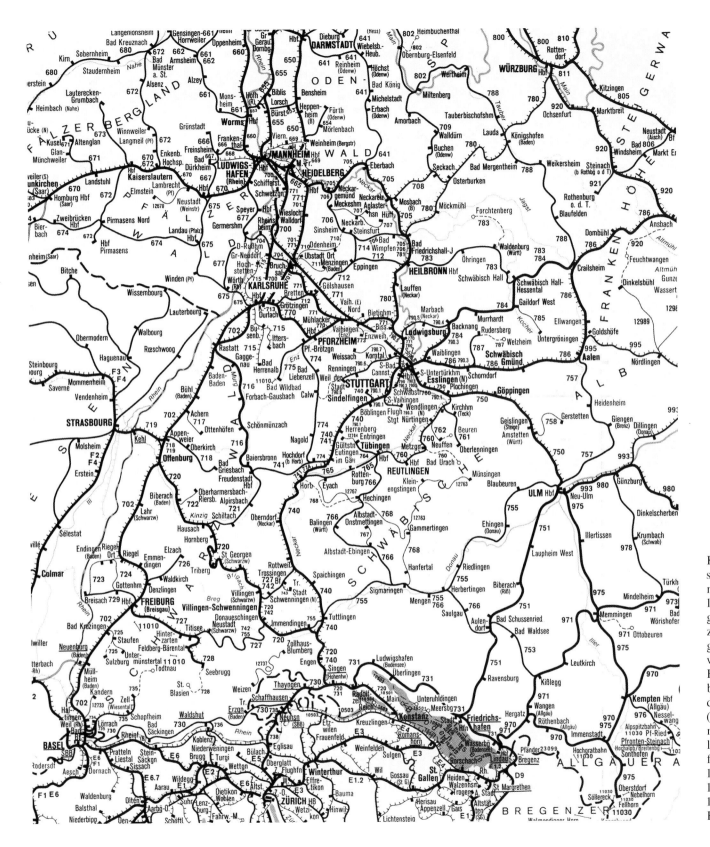

Kursbuch-Streckenkarte der im Personenverkehr betriebenen Eisenbahnen im Südwesten Deutschlands 1993/94. Die dreistelligen Zahlen geben die Kursbuchnummer der einzelnen Strecken an, die fünfstelligen die Bergbahnen im Schwarzwald (11010: Sesselbahn auf den Feldberg, Schauinsland-Kabinenbahn, Sommerberg-Bahn Wildbad), die Bodensee-Schiffahrtslinien (10 500 ff.) sowie die Museumsbahnen, auf denen ansonsten kein regulärer Schienenpersonenverkehr stattfindet (12733 Haltingen–Kandern, 12737 Zollhaus-Blumberg–Weizen, 12763 Münsingen–Gammertingen, 12764 Entringen–Gültstein, 12767 Eyach–Hechingen).

Vorwort

Eisenbahnen in Baden-Württemberg, das sind spektakuläre Gebirgsstrecken wie Schwarzwald- oder Höllentalbahn, das sind aber zugleich Flachland-„Rennstrecken" wie die Rheintallinie nach Basel, eine der bedeutendsten Nord-Süd-Routen Europas. Eisenbahnen in Baden-Württemberg, das ist modernste Schienenverkehrstechnik – man denke an die Neubaustrecke Mannheim–Stuttgart und den ICE, das ist aber auch eine lebendige Vielfalt nostalgischer Nebenbahnen.

Berg- und Hügellandschaften charakterisieren Baden wie Württemberg. Nur die verkehrsreiche und fruchtbare badische Rheinebene zwischen Mannheim und Basel macht hier eine Ausnahme. Und sie machte den Unterschied zwischen dem damals – und damit ist das 19. Jahrhundert gemeint, die Entstehungszeit der Eisenbahnen – eher armen Württemberg und dem wohlhabenden Baden. Dieser Unterschied ist verwischt, woran die Eisenbahn entscheidenden Anteil hat. Ohne sie hätte es die imposante Industrialisierung, die vor allem den mittleren Neckarraum zu einer der wirtschaftlich blühendsten Regionen des Kontinents machte, so nicht gegeben.

Sowohl Baden als auch Württemberg entschieden sich früh und recht konsequent für das Staatsbahnprinzip. Von den Historikern sind die Verantwortlichen in Karlsruhe und Stuttgart mit viel Lob ob dieser Weitsichtigkeit bedacht worden. Wer unter den Verkehrspolitikern und unter den Historikern hätte damals auch geahnt, daß heute der Behördenstatus als Wurzel allen Übels angesehen und die bessere Zukunft in der Privatisierung, sprich: in der Deutsche Bahn AG (DB AG), gesucht wird?

Wünschen wir dieser auch im Südwesten unseres Landes viel Erfolg!

Wolfgang Klee

Das wohl interessanteste noch existierende Monument früher badischer Bahnhofsarchitektur ist das Empfangsgebäude des Hauptbahnhofs Konstanz (1863). Seine gesamte Gliederung und Ausgestaltung, besonders aber der imposante Uhrturm erinnern an Friedrich Eisenlohrs ersten Karlsruher Bahnhof und andere badische Stationen der ersten Epoche. Obwohl der große Baumeister bereits neun Jahre vor Eröffnung des Konstanzer Bahnhofs verstarb, ist seine „Handschrift" hier unverkennbar.

Einleitung

Mit einigem Stolz nahm das alte Großherzogtum Baden für sich in Anspruch, das Stammland des Staatseisenbahnsystems in Deutschland zu sein. Natürlich war auch im Schwarzwald oder am Oberrhein nicht unbekannt geblieben, daß Deutschlands erste Staatseisenbahn am 1. Dezember 1838 zwischen Braunschweig und Wolfenbüttel den öffentlichen Betrieb aufgenommen hatte. Aber das Herzogtum Braunschweig war klein, seine Staatsbahnen blieben es ebenfalls – und wurden außerdem rund 30 Jahre später privatisiert und verkauft. Damit war nach badischer Lesart der Anspruch auf den Titel wohl verwirkt.

Eine Staatsbahn sollte wirtschaftlich das eben 20 Jahre junge Großherzogtum und seine heterogene Bevölkerung zusammenschweißen, stellt Albert Kuntzemüller in seinem inzwischen ein halbes Jahrhundert alten, aber bis heute gültigen Standardwerk „Die Badischen Eisenbahnen" (auf das auch hier immer wieder zurückgegriffen wird) heraus; ähnlich wie das die Bahnen in dem noch jüngeren Königreich Belgien hatten leisten sollen, welches auch in Baden vielen Zeitgenossen als Vorbild galt. Auch wenn es begründete und beachtenswerte Gegenstimmen gab, alles in allem war die Wahl des Staatsbahnprinzips gegenüber dem Privatbahnbau eine klare Angelegenheit. In den beiden Kammern des Landtags, der für den 12. Februar 1838 speziell zur Klärung der Eisenbahnfragen einberufen worden war, gab es kaum Stimmen gegen die Regierungsvorlage.

Natürlich wurde hier nicht über das Thema Eisenbahn ganz allgemein geredet, sondern über diejenige Strecke, die nach wie vor das Rückgrat des badischen Eisenbahnwesens darstellt, die allseits – und bis heute – so genannte „Hauptbahn" von Mannheim über Heidelberg, Karlsruhe, Offenburg und Freiburg nach Basel. Eine Eisenbahn den Rhein hinauf zu bauen, das machte durchaus Sinn. Durch den Rheingraben zog der große Nord-Süd-Verkehr, und zwar im wesentlichen auf dem Landweg. Der Fluß war oberhalb von Mannheim großenteils noch nicht reguliert (1818 begonnen und erst 1876 abgeschlossen), und auch dort, wo dies bereits geschehen war, verursachte die nun erheblich höhere Strömungsgeschwindigkeit des Wassers der Schiffahrt neue Probleme. Daß die Dampfschiffahrt dem „Dampfwagen" eine gefährliche Konkurrenz werden könnte, war noch längst nicht in Sicht.

Wie Perlen an der Schnur sind die großen Städte Badens an der Hauptbahn aufgereiht: Mannheim, Heidelberg, Bruchsal, Karlsruhe, Rastatt, Offenburg, Freiburg, dann das schweizerische Basel. Daß es von dort weitergehen sollte über Waldshut an den Bodensee nach Konstanz war unbestritten. Der See galt als Drehscheibe des Warenverkehrs mit Italien und versprach lukrative Frachten. Alle süddeutschen Staaten lieferten sich im Eisenbahnbau einen Wettlauf zum Bodensee, um sich dieses Geschäft zu sichern. Gewonnen hat bekanntlich Württemberg mit seiner Südbahn Friedrichshafen–Ulm (1847 bis 1850 etappenweise eröffnet), Bayern erreichte sein Seeufer bei Lindau 1853, die Inselstadt selbst im Folgejahr. Konstanz und Radolfzell in Baden kamen erst 1863 an die Reihe. Großer Schaden allerdings erwuchs den Badischen Staatsbahnen daraus nicht, denn der Verkehr auf der Schiene bahnte sich neue Wege und hielt sich nicht an die von Fuhrwerk und Binnenschiffahrt eingefahrenen Routen. Mit der Ausbreitung der

(Textfortsetzung Seite 8)

Mit dem Interregio von Trier nach Landeck/Tirol überquert 120 141 die Rheinbrücke zwischen Mannheim und Ludwigshafen. Der Rhein, früher Staatsgrenze zwischen dem Großherzogtum Baden und der zum Königreich Bayern gehörenden Pfalz, markiert heute die Grenze zwischen den Bundesländern Baden-Württemberg und Rheinland-Pfalz.

Eisenbahnen schmolz die Bedeutung des Bodensees dahin.

Als erster Abschnitt der Hauptbahn wurde am 12. September 1840 die Linie Mannheim–Heidelberg dem öffentlichen Verkehr übergeben. Die Landeshauptstadt Karlsruhe war 1843 erreicht, Offenburg 1844 (ebenfalls 1844 ging die Zweigbahn von Appenweier nach Kehl am Rhein in Betrieb), im Jahr darauf Freiburg (ebenfalls 1845 die Zweigbahn Oos–Baden Baden), 1847 Schliengen. Nun stellte sich den Eisenbahnbauern der Isteiner Klotz in den Weg. Drei Tunnels und enge Kurven erinnern auch den ICE-Reisenden noch heute daran, daß hier der ansonsten so unproblematische Streckenbau vor größte Schwierigkeiten gestellt wurde. Nur langsam ging es weiter, 1848 erreichte man Efringen, 1851 Haltingen und 1855 schließlich Basel. Nach 15 Jahren war das im Eisenbahnbaugesetz festgelegte Ziel erreicht.

Es läßt sich natürlich nicht über die Entstehung der badischen Hauptbahn berichten, ohne das unglückliche Breitspur-Intermezzo zu erwähnen. Mit den beiden ersten Lokomotiven „Löwe" und „Greif", geliefert von Sharp, Roberts & Co. in Glasgow, hatte man auch die Breitspur von 1600 mm importiert. Die Breitspur galt – durchaus zu Recht – der heutigen Normalspur von 1435 mm als technisch überlegen, versprach mehr Laufruhe und weniger Verschleiß. In England, wo doch so offensichtlich aller technischer Fortschritt seinen Anfang nahm, galt die legendäre Great Western Railway mit ihrer Breitspur als der Trendsetter schlechthin. Und in Baden wollte man eben das Beste. Kaum jemand konnte sich Ende der 1830er Jahre vorstellen, daß einmal Züge Ländergrenzen überfahren würden, daß die Passagiere an den Grenzstationen nicht mehr umsteigen, die Güter nicht mehr umgeladen werden mußten. Das Fiasko der Breitspur wurde erst Mitte der 1840er Jahre in seinem ganzen Ausmaß deutlich, als die von Frankfurt vorangetriebene Main-Neckar-Bahn, an der auch Baden beteiligt war, Anschluß an die Hauptbahn Mannheim–Heidelberg suchte und es der großherzoglichen Regierung nicht gelang, auch für diese Main-Neckar-Bahn die Breitspur durchzusetzen (1846 fand dieser Anschluß bei Friedrichsfeld statt, es war Badens erste Eisenbahnverbindung mit einem Nachbarstaat). Anstatt daraus aber den Schluß zu ziehen, die erst halb vollendete Hauptbahn flugs umzuspuren, um einer Isolierung des Großherzogtums im sich dramatisch verwebenden deutschen Eisenbahnnetz zuvorzukommen, baute man weiter in Breitspur. Erst 1854 beugte sich Baden den Fakten, 203 km Doppelgleis, 79 km einfaches Gleis, 66 Lokomotiven, 65 Tender und 1 133 Wagen wurden umgespurt. Nach etwa elf Monaten, im April 1855, war der Umbau beendet. Als die Hauptbahn am 20. Februar 1855 Basel erreichte, fuhr man hier sogleich normalspurig.

Basel – für wohl jeden Fernreisenden heute ganz selbstverständlich die Pforte des Rheintals zur Schweiz und nach Italien. Badens Eisenbahnväter sahen das freilich anders. Der Anschlußbahnhof zum schweizerischen Bahnnetz sollte tunlichst auf heimischem Boden liegen, nicht auf schweizerischem. So kam Waldshut ins Spiel. Nur ein Jahr nach Eröffnung des Badischen Bahnhofs in Basel war schon Säckingen erreicht, Ende 1856 auch Waldshut. Im August 1859 konnte die Linie Waldshut–Koblenz–Turgi eröffnet werden, Badens erste Schienenverbindung mit der Schweiz war Realität. Die zweite kam 1863 hinzu (Schaffhausen an der Linie Waldshut–Konstanz), aber es dauerte weitere zehn Jahre, ehe auch in Basel der Rhein von der Eisenbahn überbrückt wurde. Bald darauf war Basel Brennpunkt des badisch-schweizerischen, ja des europäischen Nord-Süd-Eisenbahnverkehrs schlechthin. Das ist es noch heute.

Das Ziel der verlängerten Hauptbahn war Konstanz gewesen, immerhin 414 km von Mannheim entfernt. Auf Konstanz zielt auch die zweite große badische Fernstrecke, die Schwarzwaldbahn. Die Durchquerung des Schwarzwaldes – soviel war allen klar – mußte ein unendlich aufwendiges Vorhaben sein, zu rechtfertigen nur mit der Aussicht, einen noch schnelleren Weg zum Bodensee (wir erinnern uns: einstmals Drehscheibe des Handels mit den anderen Anrainerstaaten sowie Italien) zu finden als den über Basel. Alles in allem hat die Schwarzwaldbahn die in sie gesetzten Erwartungen niemals erfüllen können, schon deshalb nicht, weil der Bodensee gerade wegen der Ausdehnung des Eisenbahnnetzes seine Rolle als Handelsplatz einbüßte. Gleichwohl ist die 1873 vollendete Schwarzwaldbahn ein ganz großartiges Bauwerk, und wenn in Deutschland auf irgendeine Strecke der Begriff Gebirgsbahn anzuwenden ist, dann zuallererst auf sie. Wie überhaupt die technisch imposantesten Gebirgsbahnen Deutschlands in Baden zu finden sind, und nicht, wie man zunächst glauben könnte, in Bayern.

Ebenfalls 1873 wurde die Baseler Verbindungsbahn mit der Rheinbrücke eröffnet. Zwar handelt es sich um eine rein auf Schweizer Gebiet liegende Strecke, aber Baden finanzierte sie zu einem Drittel und betreibt sie seither mit. Auch die Erträge fallen seither zu einem Drittel an die Badischen Staatsbahnen bzw. heute an die Deutsche Bahn AG, was angesichts der außerordentlichen Bedeutung dieser kurzen Linie durchaus ein stolzes Sümmchen sein dürfte.

Die Verknüpfung der badischen und schweizerischen Bahnen hat angesichts des Nord-Süd-Transitverkehrs für das Großherzogtum stets ein herausragendes Thema abgegeben. Die anderen Nachbarn (Frankreich – 1871–1918 also die Reichslande Elsaß-Lothringen – und die bayerische Pfalz auf dem linken Rheinufer, Württemberg im Osten, das Großherzogtum Hessen und abermals Bayern im Norden) standen hier zurück. Wobei natürlich eingeschränkt werden muß, daß allein schon die Länge (581 km) der Grenze mit Württemberg hier zu besonders zahlreichen Verknüpfungen führte.

Die erste ergab sich mit der von Württemberg betriebenen Strecke Bruchsal–Mühlacker–Stuttgart 1853, nach der Main-Neckar-Bahn die zweite grenzüberschreitende Linie. Der nächste Anschluß an Württemberg erfolgte 1863 durch die Verbindung Karlsruhe–Mühlacker. Damit sind, wenn man von der 1991 in Betrieb genommenen Schnellfahrstrecke Mannheim–Stuttgart absieht, die bis heute wichtigsten auch schon genannt. Von weiteren wird später noch zu berichten sein, und auch die Anschlüsse an die übrigen Nachbarstaaten sollen dann nicht unerwähnt bleiben.

Es ist nun an der Zeit, einige Grundzüge der württembergischen Eisenbahnentwicklung herauszustellen. Württemberg war ein rohstoffarmes, weitgehend von der Land- und Forstwirtschaft lebendes Land. Bedeutende Wasserstraßen fehlten völlig, die wichtigen Fernhandelsverbin-

(Textfortsetzung Seite 10)

140 443 schleppt einen leeren Ganzzug über die Rampe vom Mannheimer Hauptbahnhof zur Rheinbrücke nach Ludwigshafen. Im Hintergrund das kurfürstliche Schloß (erbaut 1720-1760), eine der größten barocken Schloßanlagen Europas und heute Sitz der Universität Mannheim.

dungen bevorzugten wegen der ungünstigen Bodengestaltung andere Routen. Bis Anfang der 1840er Jahre wurde heftig gestritten, ob für ein so sehr von der Landwirtschaft abhängendes Gemeinwesen eine Eisenbahn überhaupt von Nutzen sein könnte. Die unverkennbaren – gar bedrohlichen ? – Fortschritte bei den Nachbarn, besonders in Baden, verfehlten aber ihre Wirkung nicht. Mit dem Gesetz vom 18. April 1843 legte sich auch Württemberg fest, eine Eisenbahn zu bauen – eine Eisenbahn, die den Mittelpunkt des Landes, Stuttgart und Cannstatt, mit Ulm und Friedrichshafen im Süden, Heilbronn im Norden und Baden im Westen verbinden sollte. Zugleich wurde bestimmt, daß auf Staatskosten die Hauptbahnen, spätere Zweigbahnen dagegen auf private Initiative zu bauen seien (was so bekanntlich nicht durchgehalten wurde). Ausgesprochen rasch realisierte Württemberg seine „Hauptbahn" (auch „Centralbahn" genannt) Heilbronn–Stuttgart–Friedrichshafen, das Teilstück Cannstatt–Untertürkheim machte am 22. Oktober 1845 den Anfang, der bautechnisch schwierige Albübergang zwischen Geislingen und Ulm wurde als Schlußstück am 29. Juni 1850 in Betrieb genommen.

Damit war die Württembergische Staatsbahn die erste, die den Bodensee erreichte. Allerdings fehlte noch die Fortsetzung in Richtung Norden, der Anschluß an die badische Hauptbahn. Diesen fand man mit der Westbahn von Bietigheim über Mühlacker durch badisches Territorium nach Bruchsal (1853 fertiggestellt). Bruchsal erhielt neben dem breitspurigen badischen also auch einen normalspurigen württembergischen Bahnhof; in Stuttgart hatte man nämlich nicht lange gezögert, statt der Breitspur des badischen Nachbarn die bei den anderen deutschen Bahnen übliche Spur von 1 435 mm einzuführen. Erst 1879 übrigens hat Baden die 15 km lange Strecke Bretten–Bruchsal übernommen.

Gut ein Jahr nach dem Anschluß in Bruchsal wurde in Ulm der nicht minder bedeutende Übergang an die bayerische Maximiliansbahn nach Augsburg (und von dort nach München und Österreich) realisiert. Seitdem steht für den württembergischen und deutschen, nicht minder jedoch für den internationalen Fernverkehr die Magistrale Mannheim–Stuttgart–Ulm–München zur Verfügung. Auch heute nimmt dieser Schienenstrang eine herausragende Stellung im württembergischen Eisenbahnnetz ein.

Mit Fertigstellung der Hauptbahn hatte sich für einige Jahre die Finanzkraft Württembergs erschöpft. Erst die genannten Anschlüsse an Baden und Bayern lenkten den lukrativen Transit auf württembergische Gleise und verbesserten die Einnahmen der Staatsbahn so sehr, daß eine Verzinsung des Anlagekapitals aus Steuergeldern nicht mehr nötig war und an den Bau neuer Linien gedacht werden konnte. 1859 wurde mit Plochingen–Reutlingen endlich wieder eine neue Linie in Betrieb genommen, 1861 folgte die Remsbahn von Cannstatt über Aalen bis Wasseralfingen, 1863 wurde sie bis Nördlingen an der bayerischen Ludwig-Süd-Nord-Bahn verlängert. 1862 ging die Linie Heilbronn–Schwäbisch Hall in Betrieb, 1864 Aalen–Heidenheim, ebenfalls 1864 Rottenburg–Eyach (Reutlingen–Rottenburg wurde bereits seit 1861 befahren). Damit war bis Ende des Jahres 1864 das württembergische Bahnnetz auf 562 km angewachsen.

Und es war zunächst auch an seine Grenzen gestoßen. Denn die Realisierung weiterer Linien machte vielfach langwierige Verhandlungen mit anderen Staaten, mit Bayern, mit den wie ein Riegel in Württemberg liegenden Hohenzollernschen Landen, ganz besonders aber mit Baden notwendig. Auf all die diplomatischen Geplänkel kann hier unmöglich eingegangen werden. Welche kurios-unsinnigen Bahnbauten dabei herausgekommen sind, dokumentiert die sogenannte Odenwaldbahn in herausragender Weise. Was zwischen Heidelberg, Neckarelz, Jagstfeld und Osterburken gebaut bzw. unterlassen wurde, gehört zu den großen Merkwürdigkeiten süddeutscher Eisenbahnpolitik. Dazu – und zu manchen anderen Merkwürdigkeiten – später mehr.

Etwa bis 1890 waren in Württemberg und Baden – wie praktisch in allen deutschen Staaten – die meisten Stränge des Schienennetzes geknüpft. Der im württembergischen Eisenbahngesetz vom 18. April 1843 entwickelte Grundsatz, daß der Staat nur die wichtigsten Bahnen bauen sollte, die anderen jedoch privater Initiative zu überlassen seien, war dabei so ziemlich unter die Räder gekommen. Obwohl uns heute Württemberg wie Baden als die Privatbahn-Länder schlechthin erscheinen mögen, darf nicht unterschätzt werden, daß es im wesentlichen der Staat war, der den Ausbau von Nebenbahnen vorantrieb; sei es, daß er selbst baute, sei es, daß er privaten Unternehmen Zuschüsse gewährte. Insgesamt wurden bis 1914 von den Württembergischen Staatsbahnen 412 km Nebenbahnen eröffnet, dem stehen 287 km von Privatbahnen gegenüber.

Deutlicher hat sich das Privatbahnwesen in Baden herausbilden können. Bis 1910 wurden 27 Bahnen mit zusammen 569 km von Privatgesellschaften betrieben, fast allen diesen Gesellschaften hatte der Staat zum Teil erhebliche Unterstützung gewährt. Erst ab 1911 baute auch die Staatseisenbahn wieder einige wenige Nebenstrecken, solche nämlich, die auch nach Zahlung von Zuschüssen für Privatunternehmen uninteressant blieben, aus Sicht der allgemeinen Landeswohlfahrt aber Sinn machen konnten. Die unvollendete Verbindung Walldürn–Tauberbischofsheim mit ihren längst vertrockneten Ästen Walldürn–Hardheim und Tauberbischofsheim–Königheim ist für deren Schicksal kein schlechtes Beispiel.

In den Jahren vor dem Ersten Weltkrieg stand für die Großherzoglich Badischen Staatseisenbahnen jedoch nicht das Thema Nebenbahnen im Vordergrund, sondern die Leistungssteigerung der Hauptbahn. 1907 wurde der neue Rangierbahnhof in Mannheim in Betrieb gestellt, neben Hamm und Wustermark damals der größte in Deutschland. Ebenfalls in diese Zeit fallen der Ausbau des Rangierbahnhofs Offenburg, die Güterumgehungsbahn bei Freiburg, der neue Personen- und Rangierbahnhof Basel Badischer Bahnhof und natürlich die Neugestaltung der Bahnanlagen in Karlsruhe. All diese Investitionen waren für Baden von höchster Notwendigkeit. Die Hauptbahn, deren Erträge nach wie vor das finanzielle Rückgrat der gesamten Staatsbahn bildeten, stand in schärfster Konkurrenz mit der linksrheinischen Magistrale Basel–Straßburg–Rhein/Main-Gebiet der elsaß-lothringischen Reichseisenbahnen bzw. der Preußisch-Hessischen Staatseisenbahnen. Leidtragende dieses Wettbewerbs waren übrigens auch und ganz besonders die Königlich Württembergischen Staatseisenbahnen, für die im Nord-Süd-Transit immer weniger übrig blieb.

Modernisierungsarbeiten ganz anderer Art gingen kurz vor Ausbruch des Ersten Weltkrieges ebenfalls in Basel und Südbaden vor sich: die Elektrifizierung der Wiesen- und Wehratalbahn

(Textfortsetzung Seite 12)

Die älteste Fortsetzung der badischen Hauptbahn in Richtung Norden ist die Main-Neckar-Bahn, an deren Bau und Betrieb neben Baden auch das Großherzogtum Hessen und die Freie Stadt Frankfurt am Main beteiligt waren. Hessen und Frankfurt setzten für diese Linie gegen den Willen Badens die Normalspur durch. Da man sich nicht darüber einigen konnte, ob Main-Neckar-Bahn und Hauptbahn in Mannheim oder Heidelberg verknüpft werden sollten, wählte man einen Ort in der Mitte: Friedrichsfeld. Zudem erhielt die Main-Neckar-Bahn zwischen Mannheim und Heidelberg neben der breitspurigen Hauptbahn ein eigenes Normalspurgleis. Einen verworreneren Auftakt hätte die Eisenbahn im Rhein-Neckar-Raum kaum erfahren können. Das Foto oben zeigt die Ladenburger Brücke der Main-Neckar-Bahn. Für zwei Jahre hatte man hier mit einem hölzernen Provisorium auskommen müssen, erst 1848 wurde die siebenbogige Steinbrücke für den Verkehr freigegeben. Das im Krieg teilweise zerstörte Bauwerk wurde in alter Form wiederhergestellt, allerdings erweitert um einen Fußgängersteg. Als im April 1994 das Foto entstand, führte der Neckar Hochwasser.

(Basel–Schopfheim–Zell und Säckingen–Schopfheim). Angeregt durch Beispiele in der benachbarten Schweiz hatte man sich an die Nutzung der Wasserkräfte des Schwarzwaldes für den Bahnbetrieb herangetraut, und am 23. Januar 1913 fuhr die erste elektrische Lokomotive von Basel das Wiesental hinauf. Baden stand damit gemeinsam mit Bayern und Preußen an der Spitze dieser epochalen Innovation. Weitere Elektrifizierungspläne wurden durch den Kriegsausbruch zu Makulatur.

Es dauerte rund 20 Jahre, ehe die Deutsche Reichsbahn, in der am 1. April 1920 auch die Badischen und Württembergischen Staatsbahnen aufgegangen waren, die Kraft fand, das zukunftsweisende Werk der Bahnelektrifizierung fortzusetzen. Zunächst kamen die Höllental- und die von ihr in Titisee abzweigende Dreiseenbahn an die Reihe (1933/36), dazu wird später noch mehr zu sagen sein. Aus Augsburg kommend erreichte der Fahrdraht 1933 auch Stuttgart, auf der Geislinger Steige, dem Kuckucksnest des württembergischen Bahnnetzes, konnte damit endlich der quälende Dampfbetrieb aufgegeben werden. Aber wieder setzte die aufziehende Kriegskatastrophe einer konsequenten Bahnelektrifizierung ein Ende.

Nach dem Zweiten Weltkrieg wurde – zunächst noch zögernd – das Vorhaben endlich in die Tat umgesetzt. Ab 1952 wurde von Basel ausgehend der Fahrdraht immer weiter in Richtung Norden gezogen, 1958 mit der Elektrifizierung der Strecke Karlsruhe–Mannheim der sogenannte „süddeutsche Ring" geschlossen und zugleich der elektrische Betrieb linksrheinisch über Ludwigshafen bis Remagen ausgedehnt (von dort ging es sogleich weiter an die ebenfalls bereits elektrifizierten Bahnen des Rhein-Ruhr-Netzes). Bereits ein Jahr zuvor war, von Stuttgart über Mühlacker, Heidelberg und Darmstadt kommend, Frankfurt am Main erreicht worden. Dann waren die zweitrangigen Fernstrecken an der Reihe, 1975 beispielsweise wurde die Schwarzwaldbahn überspannt. Eine Gedenktafel im Bahnhof Villingen weist darauf hin, daß hier der zehntausendste Streckenkilometer der Deutschen Bundesbahn mit Fahrleitung versehen worden ist. Bis in die Gegenwart ist das Elektrifizierungsprogramm weitergeführt worden, mit erheblich gedrosseltem Tempo, versteht sich.

Mit Streckenelektrifizierungen allein ließen sich die neuen Anforderungen an den Verkehrsträger Schiene jedoch nicht mehr erfüllen. Auto, Flugzeug und Binnenschiff zwangen die DB auf den Fernverbindungen zu immer neuen Anstrengungen, während auf den Nebenrouten auch in Baden-Württemberg immer häufiger der Bus die Bahn ablöste. Wobei an dieser Stelle nicht verschwiegen werden darf, daß auch in Sachen „Erhalt von Schienenstrecken" sich der Südweststaat durchaus als „Musterländle" hervorgetan hat. Mehr als anderswo bemühte sich die Landesregierung, zu retten was zu retten und zu verbessern was zu verbessern ist. Egal, ob dies in Zusammenarbeit mit der DB auf deren Strecken oder auf den – inzwischen wesentlich landeseigenen – Privatbahnen zu geschehen hatte. Beispiele werden wir noch kennenlernen.

Weit spektakulärer als diese Arbeit im kleinen ist zweifellos die Stärkung des Fernbahnsystems, mit der die Bahn sich auf die Zukunft vorbereitet. Da ist natürlich zunächst die Neubaustrecke Mannheim–Stuttgart zu nennen, auf der seit 1991 der Intercity-Expreß all die unseligen Umwege und Windungen vergessen läßt, die der alte Weg über Bruchsal und Mühlacker mit sich brachte. Inzwischen hat auch die Neubaustrecke von Stuttgart in Richtung Augsburg klare Formen angenommen, für den Fernreiseverkehr wird die Geislinger Steige bald ihre Schrecken verloren haben. Eine Schnellfahrstrecke Mannheim–Stuttgart–Augsburg als zentrales Bindeglied zwischen dem Rhein-Main-Raum und dem Großraum München wird für den innerdeutschen Fernverkehr so etwas wie eine zweite Verkehrsrevolution auf der Schiene sein.

Vergessen wir abschließend die badische Hauptbahn nicht, an der dieser Einleitungstext auch seinen Anfang genommen hat. Was der württembergischen Magistrale recht ist, kann der badischen nur billig sein. Die Arbeiten zum viergleisigen Aus- bzw. Neubau dieser Verbindung von Karlsruhe bis Basel sind bereits im vollen Gange, teilweise sogar schon abgeschlossen. Mehr denn je wird künftig die Rheintallinie für den internationalen Nord-Süd-Verkehr in Anspruch genommen werden. Die neuen Alpentransversalen in der Schweiz, deren Realisierung jetzt bevorsteht, stellen auch an die gute, alte Hauptbahn noch höhere Anforderungen. Gehen wir davon aus, daß sie auch diesen gerecht werden wird.

„Mannheim, Nährmutter der badischen Eisenbahnen". Diese aus den frühen Jahren der Hauptbahn stammende Metapher behielt bis weit ins 20. Jahrhundert ihre Gültigkeit. Die Stadt am Zusammenfluß von Neckar und Rhein war früher Endstation für die meisten stromaufwärts fahrenden Schiffe, im Mannheimer Hafen wurde auf die Eisenbahn umgeschlagen, was weiter in Richtung Süden transportiert werden mußte. Um 1840, als die Hauptbahn entstand, fuhren nur ein paar Dampfschiffe im Personen- und Eilgutverkehr weiter den Rhein hinauf, für die meisten Güter war dieser Weg viel zu teuer.

Der Hauptbahnhof (Foto) wurde 1871 bis 1876 im Rahmen einer völligen Umgestaltung des Mannheimer Bahnnetzes angelegt. Anlaß zu dieser Umgestaltung war die Eröffnung der Rheinbrücke nach Ludwigshafen. Die Ausrichtung des Hauptbahnhofs auf den Ost-West-Verkehr war ein großer Fehler, der durch die „falsche" Einfädelung der 1880 fertiggestellten Riedbahn nach Frankfurt am Main noch verschlimmert wurde: Die das Rheintal in Nord-Süd-Richtung durchfahrenden Züge mußten in Mannheim kopfmachen. Dieser Mangel wurde erst in Zusammenhang mit dem Bau der Schnellfahrstrecke Mannheim–Stuttgart behoben. 1985 stellte die westliche Einführung der Riedbahn den an sich selbstverständlichen Zustand her, daß Fernreisezüge von Frankfurt am Main in Richtung Basel und Stuttgart nicht mehr in Mannheim kopfmachen müssen.

Die Rheinbrücke zwischen Mannheim und Ludwigshafen wurde 1867 in Betrieb genommen. Nach Waldshut, Kehl und Konstanz war sie der vierte badische Rheinübergang. Bayern, das eher an einer Brücke bei Germersheim interessiert war, verknüpfte die Verhandlungen über die Mannheim-Ludwigshafener Brücke mit dem Bau der badischen Odenwaldbahn, die nach den Vorstellungen der Münchner Staatslenker zu einer kurzen Verbindung Nordbayerns und der bayerischen Pfalz werden sollte. Die Kostenfrage wurde folgendermaßen geregelt: Baden übernahm den Bau der beiden Strompfeiler und der Landfesten, die pfälzische Bahn den eisernen Oberbau einschließlich Bodenbelag und Gleisen. Der Bau begann am 21. Februar 1865, am 10. August 1867 wurde die Brücke – zunächst eingleisig – in Betrieb genommen. Die auf denselben Pfeilern ruhende Straßenbrücke wurde erst ein Jahr später offiziell eröffnet.

Auf der Hauptbahn zum Bodensee

Wenn vorhin von den Bahnhofskalamitäten Mannheims die Rede war, so läßt sich dieser Begriff natürlich auf Heidelberg noch weit treffender anwenden. Um die Hauptbahn möglichst nahe an die im Neckartal eingezwängte Stadt heranführen zu können, war die Station als Kopfbahnhof angelegt worden. Als 1846 auch die Main-Neckar-Bahn Heidelberg erreichte, wurde in praktisch identischer Anlage ein zweiter Bahnhof neben den badischen gestellt – allerdings in Normalspur. Die deshalb insgesamt weiträumige Anlage wurde bis Ende des 19. Jahrhunderts den Anforderungen einigermaßen gerecht. Dann aber beschlossen die Großherzoglich Badischen Staatseisenbahnen, einen weiter vor der Stadt liegenden Hauptbahnhof zu errichten, der für die Linien Mannheim–Bruchsal (diese Richtung nimmt auch der hier einfahrende Interregio) und Mannheim–Heilbronn ohne kopfmachen durchfahren werden konnte. 1916 sollte der neue Hauptbahnhof in Betrieb gehen, der Weltkrieg stoppte jedoch die Arbeiten. Als 25 Jahre darauf ein zweiter Anlauf unternommen wurde, wiederholte sich das. Erst 1955 erhielt Heidelberg einen modernen Hauptbahnhof.

Ob sich das Warten gelohnt hat, werden nur die Heidelberger entscheiden können. Jedenfalls wurden das Empfangsgebäude des neuen Hauptbahnhofs und seine Nebengebäude von zeitgenössischen Fachleuten für die Transparenz und Leichtigkeit ihrer Formen, ihre Eleganz und ihre Zweckmäßigkeit gleichermaßen gerühmt.

In Bruchsal eröffneten die Württembergischen Staatsbahnen 1853 neben der Station der badischen Hauptbahn einen eigenen Bahnhof – in Normalspur. Bruchsal war fortan neben Karlsruhe der wichtigste Verknüpfungspunkt beider Länderbahnen. Erst mit Eröffnung der Schnellfahrstrecke Mannheim–Stuttgart büßte Bruchsal seine herausragende Stellung ein.

Direkt an der Strecke Bruchsal–Bretten–Stuttgart liegt die nach Plänen von Baltha- sar Neumann geschaffene Pfarrkirche St. Peter. Als Ende des 19. Jahrhunderts im Bruchsaler Stadtgebiet die Trasse nach Süden verschwenkt wurde, um eine leistungs- fähige Einfädelung in die erweiterten Bruchsaler Bahnhofsanlagen zu ermöglichen, wurde der Friedhof neben der Peterskirche kurzerhand untertunnelt. Wie täglich zahl- lose weitere Züge erweist sich hier der aus Richtung Bretten kommende VT 628 als „Ruhestörer".

Bruchsal ist auch Endstation der bis Frühjahr 1994 zur Südwestdeutschen Eisenbahn-Gesellschaft (SWEG) gehörenden Nebenbahn nach Odenheim, die inzwischen an die Albtalbahn verkauft worden ist. Ursprünglich führte diese zwischen 1896 und 1900 erbaute Linie sogar bis Hilsbach am Steinsberg, schon 1960 wurde aber das erste Teilstück stillgelegt, jetzt ist in Odenheim, die inzwischen an die Albtalbahn verkauft worden ist. Endstation. Der zwischen Odenheim und Bruchsal pendelnde Triebwagen hat vor wenigen Minuten den Bahnhof Zeutern verlassen und rollt nun der Hauptbahn entgegen.

In der SWEG wurde 1963, als das „Nebenbahnsterben" krasse Ausmaße anzunehmen drohte, ein Großteil der Privatbahnen (also der nicht dem Bund gehörenden Bahnen) Baden-Württembergs zusammengefaßt, 1971 kamen mit der Mittelbadischen Eisenbahnen AG weitere hinzu. Seitdem befinden sich alle Aktien der SWEG in der Hand des Landes. Neben den Strecken von Bruchsal nach Odenheim bzw. Menzingen betrieb die SWEG im April 1994, als dieses Foto entstand, noch weitere Zweiglinien der badischen Hauptbahn, etwa die Kaiserstuhl-, die Münstertal- und die Achertalbahn.

Die Verbindung Karlsruhe–Pforzheim–Stuttgart entstand 1861 bis 1863 als zweite wichtige Verknüpfung der badischen und der württembergischen Hauptbahn. Sie trennt sich von der Bruchsaler Linie im Bahnhof Mühlacker, auf den im letzten Kapitel noch etwas genauer einzugehen sein wird.

Der von 150 192 gezogene Kesselwagenzug hat soeben den Tunnel von Ersingen verlassen und rollt weiter talwärts in Richtung Karlsruhe. Das aus massivem Sandstein gebaute Bahnwärterhaus am westlichen Tunnelmund hat die zurückliegenden 130 Jahre bestens überstanden und präsentiert sich – umgebaut zum schmucken Wohnhaus – als kleines Monument „badischer Opulenz". Gemeint damit ist die zu ihrer Zeit oft als übertrieben aufwendig kritisierte Bauweise der Staatsbahn, die uns heute jedoch zahllose gut erhaltene Denkmäler aus der frühen Bahnbauepoche beschert.

Nun ein Blick auf diejenige Linie, die den nördlichen Teil der Hauptbahn sowie die Zweiglinien zur württembergischen Hauptstadt im hochwertigen Fernverkehr abgelöst hat: die Schnellfahrstrecke Mannheim–Stuttgart. In Vaihingen an der Enz berührt sie die hier neu trassierte alte württembergische Magistrale Bietigheim–Mühlacker. Vaihingen erhielt einen überaus großzügigen neuen Bahnhof. Die Gleise der Schnellfahrstrecke liegen in der Mitte des Gleisfächers, die Richtungsgleise der alten Hauptbahn werden seitlich eingefädelt.

Der ICE im Foto auf der Seite rechts kommt aus Mannheim und wird sogleich im 2 782 m langen Marksteintunnel verschwinden. Das Richtungsgleis nach Bietigheim steigt hier links der Schnellfahrgleise an, um dann über sie nach Nordosten hinwegzuschwenken, am rechten Bildrand die Gleise der Gegenrichtung.

Aber am neuen Bahnhof Vaihingen halten nicht nur die Züge der DB AG. Eine Etage tiefer kreuzt die normalspurige Nebenbahn Vaihingen–Enzweihingen der Württembergischen Eisenbahn-Gesellschaft (WEG), die noch ein halbes Dutzend kleinerer Bahnen in Württemberg betreibt, die Magistralen. Vom Bahnsteig 1 der Fernbahn ergibt sich dieser Blick auf die WEG-Strecke in Richtung Enzweihingen.

Ein Kapitel für sich ist die Geschichte der badischen Rheinbrücken, die deshalb an dieser Stelle nur in recht unvollständiger Weise gewürdigt werden kann. Die Mannheimer Brücke haben wir bereits kennengelernt. Nur kurz erwähnt werden soll die 1873 für den Eisenbahnverkehr geöffnete Speyerer Schiffbrücke, die 1938 durch eine feste ersetzt wurde. Diese wiederum wurde 1945 zerstört. Da die Nebenbahn Speyer–Heidelberg nie bedeutenden Verkehr vorzuweisen hatte, wurde die Brücke nicht wieder aufgebaut.

Ursprünglich eine Schiffbrücke war auch der Rheinübergang bei Maxau. Die Strecke Karlsruhe–Maxau war als Badens zweite Privatbahn (nach der Wiesentalbahn Basel–Schopfheim; siehe Seite 39) am 5. August 1862 eröffnet worden. Die Staatsbahn hatte nicht an die Rentabilität dieser Verbindung geglaubt, aber sich bald eines besseren belehren lassen müssen: Die Strecke war zeitweise die rentabelste des ganzen badischen Eisenbahnnetzes. Am 1. Juli 1865 setzte die in ihrer Art erste europäische Schiffbrücke die Bahn von Maxau aufs pfälzische Ufer fort. 1905 wurde die Karlsruhe–Maxauer Bahn vom Staat angekauft. Der längst überfällige Bau einer festen Brücke verzögerte sich aber immer wieder, erst am 3. April 1938 wurde eine kombinierte Eisenbahn- und Straßenbrücke in Betrieb genommen. Auch sie fiel 1945 dem Krieg zum Opfer.

Im Juni 1991 wurde eine neue eingleisige Brücke freigegeben. Sie löste die 1947 auf Befehl der französischen Militärregierung errichtete Behelfsbrücke ab, die mit ihren vier Strompfeilern stets ein Hindernis für die Schiffahrt gewesen war. Über die moderne Schweißkonstruktion, die auf den alten Widerlagern von 1938 ruht, rollt hier ein VT 628 von Karlsruhe nach Landau/Pfalz (kleines Foto).

Erst infolge der Erfahrungen des Krieges von 1870/71 – der Transport von Truppen und Material in Richtung Frankreich hatte sich mangels leistungsfähiger Rheinübergänge als sehr problematisch erwiesen – kam die seit Jahren diskutierte Linie Bruchsal–Germersheim samt fester Rheinbrücke zustande, am 23. November 1874 wurde das Bauwerk eröffnet. Bayern hatte diese Brücke schon seit längerem gefordert, allerdings in friedlicher Absicht: Für Kohlentransporte aus dem Saarland in Richtung Süddeutschland war der Weg durch die südliche Pfalz auf Bruchsal zu der lukrativste. Wie die damaligen Schiffbrücken ausgesehen haben, mag das große Foto verdeutlichen. Unterhalb der festen Germersheimer Eisenbahnbrücke dümpelt eine Pionierbrücke der Bundeswehr, die Fahrbahn wird getragen von zahlreichen Pontons. Wegen des regen Schiffsverkehrs auf dem Rhein ist die Brücke geöffnet, die andere Hälfte ist am gegenüberliegenden Flußufer festgemacht. Der von einer 212 gezogene Zug fährt in Richtung Bruchsal.

Die in Appenweier von der Hauptbahn abzweigende Strecke nach Kehl am Rhein (gegenüber Straßburg) wurde bereits am 1. Juni 1844 eröffnet. Der frühe Zeitpunkt unterstreicht, welche Bedeutung man diesem Zweig schon damals beigemessen hat. Mit Eröffnung der Kehler Rheinbrücke 1861 wurde ein direkter Schnellzug Paris–Wien eingelegt. Für Baden, das ansonsten ganz auf Nord-Süd-Verkehr eingestellt war, bedeutete das einen großen internationalen Erfolg. Mit Ausbruch des Deutsch-Französischen Krieges wurde die Brücke am 22. Juli 1870 gesprengt, der Verkehr war bis zum 20. November 1870 unterbrochen, dann stand eine Behelfskonstruktion zur Verfügung, ehe 1875 die zweite „endgültige" Brücke in Betrieb genommen werden konnte. Im Zweiten Weltkrieg wurde die Brücke erneut zerstört, nun allerdings dauerte es elf Jahre, bis wieder ein vollwertiger Rheinübergang zur Verfügung stand.

Die Nachfolger des oben erwähnten Schnellzuges Paris–Wien sind heute die Eurocity-Züge zwischen diesen beiden Metropolen. Das Foto auf der Seite links zeigt EC 65 „Mozart", der soeben von der Rheinbrücke in den Bahnhof Kehl einfährt, oben begegnet uns der Gegenzug im Karlsruher Hauptbahnhof (April 1994).

Der heutige Karlsruher Hauptbahnhof wurde am 22. bzw. 23. Oktober 1913 eröffnet – natürlich „feierlich". Allerdings soll diese Feier eher ein Abschiedsfest vom alten Bahnhof gewesen sein, war man doch in Karlsruhe sehr verärgert über die Verlegung der Station weit vor die Stadt. Immerhin 70 Jahre lang hatte der alte von Friedrich Eisenlohr geschaffene Bahnhof Dienst getan. Nicht nur die Verschiebung um 1,5 km nach Süden, in die Nähe der neuen Güter- und Rangierbahnhöfe, mag vielen Zeitgenossen nicht geschmeckt haben. Vermutlich noch gewöhnungsbedürftiger war die vergleichsweise schmucklose Architektur des neuen Empfangsgebäudes, das heute der Architekturgeschichte als ein wegweisendes Bauwerk der Prämoderne gilt.

Gleichzeitig mit dem Empfangsgebäude entstand die fünfschiffige Bahnsteighalle aus Stahl mit jeweils 21,5 m Stützweite, 13 m Scheitelhöhe und insgesamt 180 m Länge. Auch sie galt damals hinsichtlich der Klarheit der Konstruktion als wegweisend. Bis heute präsentieren sich Empfangsgebäude und Bahnsteighallen im wesentlichen in ihrer ursprünglichen Form und dokumentieren – frisch restauriert – sehr eindrucksvoll, warum der Karlsruher Hauptbahnhof gleichermaßen als Meisterwerk von Architekten wie Ingenieuren gerühmt wird.

Zum nebenstehenden Foto: Der ausfahrende ICE 77 „Panda" von Hamburg-Altona nach Zürich (links) begegnet ICE 570 „Kurpfalz" von Karlsruhe nach Hamburg-Altona, der soeben bereitgestellt worden ist.

Bemessung und Ausgestaltung der Hochbauten der Großherzoglich Badischen Staatseisenbahnen haben bei den Zeitgenossen immer wieder für Diskussionsstoff gesorgt. Wohl nirgendwo in Deutschland – abgesehen vielleicht von der bayerischen Ludwig-Süd-Nord-Bahn – erfuhr diese an sich doch so nüchterne Bauaufgabe „Eisenbahn" eine so umfassende und liebevolle Behandlung wie in Baden. Dabei spielte es keine Rolle, ob ein großer Stadtbahnhof oder ein ländlicher Güterschuppen zu erstellen war.

Als Leiter des Hochbauwesens der Staatsbahn prägte Friedrich Eisenlohr, der als begabtester Architekt Badens jener Zeit gilt, weit über seinen Tod im Jahre 1855 hinaus das Thema. Eisenlohrs Bauten waren nicht monumental, sondern liebevoll durchgestaltet, die Materialien solide und dauerhaft, aber nicht luxuriös. Des Baumeisters Interesse galt auch kleinsten Details. Das vor allem nährte den Argwohn, es werde für Nebensächliches viel zu viel Geld ausgegeben.

Andererseits: Badens frühe Eisenbahnhochbauten präsentieren sich bis heute zumeist in gutem Zustand. Als Beispiel sei hier das Empfangsgebäude von Graben-Neudorf herangezogen, das 40 Jahre nach Eisenlohrs Tod entstand, gleichwohl die badische Bautradition der liebevollen Gestaltung und soliden Ausführung aufrechterhält. Zu seinem 100. Geburtstag im Frühjahr 1994 wurde der Bau einem gründlichen „facelifting" unterzogen und zeigt sich nun wieder von seiner allerbesten Seite.

Militärische Forderungen hatten zum Bau der 1895 eröffneten Linie von Graben-Neudorf über Karlsruhe nach Rastatt und von dort weiter nach Hagenau im Elsaß geführt. Mit der neuen Strecke – über sie rollt heute der Personenfernverkehr zwischen Karlsruhe und Rastatt, die alte Hauptbahn wird vornehmlich von Güter- und regionalen Reisezügen benutzt – erhielt Rastatt auch einen neuen, vor der Stadt liegenden Bahnhof. In ihn fährt hier soeben der mit einer 120 bespannte Interregio von Konstanz nach Kassel ein .

Die Strecke von Rastatt über Wintersdorf ins Elsaß existiert übrigens noch heute. Allerdings steht sie dem Zivilverkehr nicht mehr zur Verfügung, sondern dient nun wieder rein militärischen Aufgaben, voran der Anbindung der in Baden stationierten französischen Truppen an die Heimat.

Das erste Teilstück der in Appenweier von der Hauptbahn abzweigenden Renchtalbahn bis Oppenau wurde 1876 von der Staatsbahn in Betrieb genommen. Die Hoffnungen der Anliegergemeinden, die Strecke könnte noch zu einer bedeutenden Ost-West-Route ausgebaut werden, erfüllten sich jedoch nicht. Erst 50 Jahre später ging es weiter bis Bad Peterstal, 1933 schließlich wurde Bad Griesbach erreicht, dann war Schluß. Die Epoche des Nebenbahnbaus war inzwischen Geschichte, und alle Anliegergemeinden werden sich glücklich geschätzt haben, daß zwecks Arbeitsbeschaffung wenigstens einige Kilometer Nebenbahn gebaut wurden.

Die Fotos oben und auf der Seite rechts entstanden im Februar 1991 an der Endstation Bad Griesbach bzw. bei Lautenbach. Das kleine Foto führt an die zur SWEG gehörende Nebenbahn Achern–Ottenhöfen, die sozusagen nur ein Seitental weiter nördlich von der Hauptbahn abzweigt (eröffnet 1898 von dem Berliner Unternehmen Vering & Wächter). VT 125 steht abfahrbereit in der SWEG-Station Achern, direkt gegenüber dem alten DB-Bahnhof. Als im Juni 1994 dieses Foto entstand, war der etwa 200 m weiter westlich liegende neue Bahnhof Achern an der hier neu trassierten Magistrale Karlsruhe–Basel schon großenteils fertiggestellt.

Der heutige Offenburger Hauptbahnhof (eröffnet am 6. November 1911) galt als erster moderner Bahnhof Badens – und das, obwohl der mittlere Bahnsteigtunnel im Personenbahnhof nicht mehr realisiert wurde. So mancher Reisende hat sich seitdem verwundert nach dem – ganz im Süden „versteckten" – Tunnel umgeschaut.

Leider wurden bei der Umgestaltung der Offenburger Bahnanlagen zu Beginn des 20. Jahrhunderts noch weit gravierendere Fehler gemacht. Da der neue Bahnhof nicht weiter aus der City herausgeschoben wurde, wird die Stadt heute von den Gleisanlagen geradezu zerschnitten. Offenburgs Ruhm, die badische Eisenbahn-Stadt schlechthin zu sein, erhält dadurch einen deutlichen Mißklang. Auch wurde es versäumt, an der südlichen Bahnhofseinfahrt die enge Kurve der Hauptbahn zu begradigen. So wird auch auf der im Bau befindlichen Schnellfahrstrecke Karlsruhe–Basel die Station Offenburg stets eine „Langsamfahrstelle" bleiben. Aber vielleicht ermuntert das ja die Fahrplangestalter, hier für alle Hochgeschwindigkeitszüge einen Halt einzuplanen.

143 934 mit ihrem Nahverkehrszug wird die soeben begonnene Reise allerdings nicht in Richtung Basel führen, sondern auf die Schwarzwaldbahn, die in Offenburg ihren Anfang hat (mehr dazu ab Seite 59).

Begegnung in der Rheinebene: Eine 110 hat vor wenigen Minuten mit ihrem Eilzug Offenburg in Richtung Freiburg verlassen und passiert soeben ein altes Bahnwärterhaus. Im Bildhintergrund der Gegenzug.

Das nach heutigen Maßstäben sehr bescheidene Empfangsgebäude des Freiburger Hauptbahnhofs wurde nach seiner Zerstörung im Zweiten Weltkrieg auf dem Grundriß des Eisenlohrschen Baus wiederhergestellt. Selbst das typische Uhrtürmchen vergaß man dabei nicht. Zu klein blieb der Bau aber auch künftighin. Diese Aussage gilt praktisch für den gesamten Personenbahnhof Freiburg, der in den letzten Jahren eine enorme Belebung erfuhr und zu den Taktzeiten aus allen Nähten zu platzen droht. Das wiederum begründet Freiburgs Ruf, eine der eisenbahnfreundlichsten Großstädte Deutschlands zu sein.

Im Dezember 1993, als dieses Foto entstand, war die komplette Umgestaltung des Bahnhofsbereichs bereits angelaufen. Das imposante Intercityhotel setzt schon seit 1992 optisch einen neuen Akzent, das dahinter liegende alte Empfangsgebäude, dessen Ablösung bevorsteht, ist kaum noch wiederzufinden.

1875 wurde die Hauptbahn-Zweigstrecke Denzlingen–Waldkirch fertiggestellt, und auch im Elztal machte man sich fortan einige Hoffnungen, daß diese Linie verlängert und zu einer bedeutenden Ost-West-Route aufgewertet werden würde. Die Verlängerung kam tatsächlich – allerdings erst 1901 und nur bis Elzach. Dort war – und ist bis heute – Schluß.

In Waldkirch, 26 Jahre lang Endstation der Strecke, begegnen sich 212 075 mit dem Nahverkehrszug aus Freiburg und 212 077 mit dem Gegenzug. Die Berge im Hintergrund lassen erahnen, daß die einst erstrebte Verlängerung von Elzach in Richtung Hausach eine recht aufwendige Angelegenheit geworden wäre.

Bis Freiburg war die Trassierung der Hauptbahn recht problemlos. Weiter südlich jedoch schieben sich mehrfach Vorberge des Schwarzwaldes so weit ins Rheintal, daß man nicht umhin kam, von der angestrebten geradlinien und steigungsarmen Linienführung abzuweichen. Hier „umkurvt" 103 137 mit dem IC von Basel nach Berlin den von Reben bedeckten Batzenberg bei Schallstadt. Der Haltepunkt am linken Bildrand trägt übrigens den Namen Ebringen, Bahnhof und Ort Schallstadt liegen im Hintergrund rechts. Bemerkenswert – jedenfalls für Eisenbahnfreunde – ist neben der Landschaft die ungewöhnliche Konstruktion der Fahrleitungsmasten auf der 1992 errichteten Brücke über die neu trassierte Bundesstraße 3.

Der Isteiner Klotz war für die Eisenbahnbauer das einzige wirklich bedeutende natürliche Hindernis an der gesamten Hauptbahn zwischen Mannheim und Basel. Da man seinerzeit Steigungen mehr fürchtete als enge Kurven, wurde die Trasse an den Westhang des Felsmassivs gelegt und nicht östlich daran vorbeigeführt. Sogar der Bau von drei kurzen Tunnels wurde in Kauf genommen. Erst mit der Realisierung der neuen Schnellfahrstrecke, die östlich vom Klotz trassiert wird, kann diese dauernde Langsamfahrstelle im ICE-Netz getilgt werden.

Der von einer 103 gezogene IC im nebenstehenden Foto befindet sich auf der Fahrt nach Basel und wird sogleich in den südlichsten der drei Tunnels eintauchen.

Anfang des 20. Jahrhunderts wurden infolge des sprunghaft gewachsenen Verkehrs an der Hauptbahn viele bedeutete Bahnhöfe umgestaltet, erweitert, verlegt. In Basel und Umgebung, das nach Eröffnung der Rheinbrücke in den 1870er Jahren zur wichtigsten Grenzstation aufgestiegen war, mußten die umfassendsten Arbeiten vorgenommen werden. Der Personenbahnhof konnte zwar innerhalb schweizerischer Grenzen um etwa 700 m verschoben werden, der neue Rangierbahnhof jedoch ließ sich weder ganz auf schweizerisches noch ganz auf badisches Gebiet legen und wird deshalb von der Grenze durchschnitten. Allerdings muß hinzugefügt werden, daß inzwischen der Trend zur Bildung möglichst weit durchlaufender Züge Basel Rbf vieler Aufgaben beraubt hat und heute zahlreiche Rangiergleise brachliegen.

Das nebenstehende Foto zeigt mehrere aus Richtung Norden angekommene Güterzüge, im Vordergrund macht sich 290 182 mit einem Flachwagen am Eselsrücken neben dem Personenbahnhof Weil zu schaffen (Mai 1986). Der Wasserhochbehälter im Bildhintergrund gehört zum Bahnbetriebswerk Haltingen und wurde ebenfalls im Zuge der Bahnhofsneubauten im Jahre 1913 errichtet.

Badens teuerster und prächtigster Bahnhof wurde in der Schweiz gebaut: im rechtsrheinischen Baseler Stadtteil Klein-Basel. Schon der Badisch-Schweizerische Staatsvertrag von 1852, der den Bau der Hauptbahn durch die Kantone Basel-Stadt und Schaffhausen geregelt hatte, bestimmte die Lage des Bahnhofs innerhalb der schweizerischen Grenze. Das galt auch für den Nachfolger des 1855 eröffneten ersten Badischen Bahnhofs, der 1913 fertiggestellt wurde und bis dahin die gewaltige Summe von 53 Millionen Mark gekostet hatte. Dafür erhielten die Großherzoglich Badischen Staatseisenbahnen ein von den Zeitgenossen als außerordentlich schön empfundenes Empfangsgebäude von zudem mustergültiger Funktionstüchtigkeit. Die Tatsache, daß dieses teure Gebäude nicht in Baden, sondern in der Schweiz stand (und steht), soll manchen Bürger nachdenklich gestimmt haben. Übrigens war Basel Badischer Bahnhof damals auch der größte Bahnhof der Schweiz.

Die Frauenfiguren am Giebel des Mittelbaus (großes Foto) stellen die vier Elemente Wasser, Erde, Feuer und Luft dar. Derartiges stilistisches Beiwerk war praktisch eine letzte Reminiszenz an die eklektizistischen Prunk- und Prachtbauten jener Epoche, wie sie vor allem Preußens Staatsbahnen hevorgebracht haben. Am Vorabend des Ersten Weltkrieges kehrte Ernüchterung auch in der Architektur ein, der bereits erwähnte Karlsruher, mehr noch aber Stuttgarts neuer Hauptbahnhof (siehe Seite 110) sind dafür ausgezeichnete Beispiele.

Badens erste Privatbahn war die Wiesentalbahn Basel–Schopfheim. Sie verdankt ihre Entstehung der Tatsache, daß sich die Staatsbahn angesichts der Aufwendungen für andere Hauptbahnen (Odenwald- und Schwarzwaldbahn) damals nicht in der Lage sah, Lörrach und Umgebung mit einer Stichstrecke an die Magistrale anzuschließen. Allerdings bot die Regierung an, einer privaten Unternehmung finanzielle Hilfe zu gewähren und den Betrieb durch die Staatsbahn abwickeln zu lassen. Am 5. Juni 1862 fuhr der Eröffnungszug, und daß man in Karlsruhe durchaus wohlwollend auf das Unternehmen blickte, läßt sich daran ablesen, daß beide Staatschefs, Großherzog Friedrich und Bundespräsident Stämpfli, an der Eröffnungsfeier teilnahmen. Für eine nur 22 km kurze Stichbahn war das wohl alles andere als selbstverständlich.

Die Wiesentalbahn wurde 1876 bis Zell verlängert und 1889 vom Staat angekauft. Letzteres hatte bemerkenswerte Gründe: Sie sollte eingeflochten werden in das Großprojekt „südbadische Umgehungsbahnen", das uns gleich eingehender beschäftigen wird. Berühmt geworden jedoch ist sie durch die Elektrifizierung im Jahre 1913 (gemeinsam mit ihrer „strategischen" Zweiglinie Schopfheim–Säckingen). Das Wiesental, dessen Wasserreichtum sich zur Stromerzeugung geradezu anbot, wurde damit eine der Pionierregionen des elektrischen Bahnbetriebs in Deutschland. Heute geht es hier weniger spektakulär zu. Vor den Zügen sind im Normalfall „Allerweltsmaschinen" der Baureihe 141 anzutreffen, hier 141 271, die in wenigen Minuten ihre Wagengarnitur von Basel in den Endbahnhof Zell geschoben haben wird.

Zum kleinen Foto: Im Bahnhof Lörrach stehen abfahrbereit die Regionalbahnzüge nach Basel (links) und nach Weil. Auch die Linie nach Weil mit dem 864 m langen Tüllinger Tunnel entstand als ein Element der strategischen Umgehungsbahnen.

„Südbadische Umgehungsbahnen" oder „strategische Bahnen in Südbaden" – es ging dabei um folgendes: Wegen seiner langen gemeinsamen Grenze mit den „Reichslanden" Elsaß-Lothringen mußte bei einem erneuten Waffengang des Deutschen Reichs mit Frankreich ein Großteil der Militärtransporte durch Baden rollen. Nach Ansicht der Berliner Strategen war dafür Badens Eisenbahnnetz nicht gerüstet, schon im Krieg von 1870/71 hatte sich das offenbart. Es mangelte zum einen an Rheinbrücken, zum anderen an leistungsfähigen Strecken dorthin. In Südbaden stand man zusätzlich vor dem Problem, daß die Hochrheinbahn Singen–Basel mehrfach schweizerisches Territorium durchläuft. Da nicht auszurechnen war, wie sich die Eidgenossenschaft im Falle eines Krieges verhalten würde, sollte eine umfassende Lösung gefunden werden: Aus dem Raum Tuttlingen wurde eine für zwei Gleise ausgelegte Hauptbahn zur Umgehung des Kantons Schaffhausen in Richtung Waldshut gebaut; es wurde aber nur ein Gleis gelegt (siehe diese Detailaufnahme der Talbrücke von Epfenhofen). Zwischen Weizen – seit 1876 durch eine Stichbahn von Stühlingen an die Hochrheinbahn angeschlossen – und Hintschingen an der Schwarzwaldbahn entstand eine 41 km lange und extrem aufwendige Bahn, die dem normalen Verkehr niemals einen auch nur annähernd gleichwertigen Nutzen bieten konnte. Fünf Tunnels mit einer Gesamtlänge von 4 360 m und vier große Viadukte von zusammen 770 m Länge waren vonnöten, um die Höhen und die rutschigen Untergründe des Randen und des Wutachtals zu bewältigen. Eine künstliche Längenausdehnung von rund 15 km war erforderlich, um die militärische Vorgabe einer Maximalneigung von 1:100 erfüllen zu können. Bei Grimmelshofen wurde nach dem Vorbild der Gotthardschlingen eine Kreiskehre gebaut, bis heute die einzige in Deutschland. Die „gekringelte" Linienführung gab der strategischen Bahn auch einen – natürlich nicht offiziellen – Namen: Sauschwänzlebahn.

Während des Ersten Weltkriegs mag die Strecke die ihr zugedachten Aufgaben erfüllt haben, wenig später schon sank sie zur Nebenbahn herab, die DB stellte 1955 den durchgehenden Personenverkehr ein, auch der lokale Güterverkehr spielte schon damals keine Rolle mehr. In den 1960er Jahren wurde auf Betreiben der NATO die „Sauschwänzlebahn" noch einmal saniert – diesmal als potentielle Nachschublinie von den Atlantikhäfen in Richtung tschechischslowakische Grenze. Hauptnutznießer dieser kostspieligen Aktion ist heute die Wutachtal-Museumsbahn, die auf dem besonders interessanten Mittelabschnitt Zollhaus-Blumberg–Weizen in den Sommermonaten ihre Dampfzüge über Viadukte und Kreiskehren, durch Tunnels und aufgelassene Stationen schnaufen läßt.

Auch der Weg durch Basel sollte mittels einer Umgehungsbahn überflüssig gemacht werden. Bei Säckingen wurde eine neue Strecke durchs Wehratal nach Schopfheim gebaut, von Schopfheim bis Lörrach konnten die „Umgehungszüge" die nun verstaatlichte Wiesentalbahn mitbenutzen, ab Lörrach entstand eine weitere neue Strecke nach Weil. 1890 war das Gesamtwerk vollendet.

Ebenso wie die „Sauschwänzlebahn" erlangte auch die Linie Säckingen–Schopfheim nur geringe Bedeutung für den Zivilverkehr. Schon 1971 wurde sie – obwohl nach wie vor elektrifiziert – stillgelegt. Der Fahrnauer Tunnel, mit 3 169 m der längste badische Tunnel überhaupt, wurde noch einige Zeit von der Bundesbahn für Schwelbrandversuche zweckentfremdet, inzwischen ist auch das Geschichte. Das große Foto zeigt das westliche Portal, das kleine das ehemalige Empfangsgebäude der Station Fahrnau-Tunnel (Mai 1994).

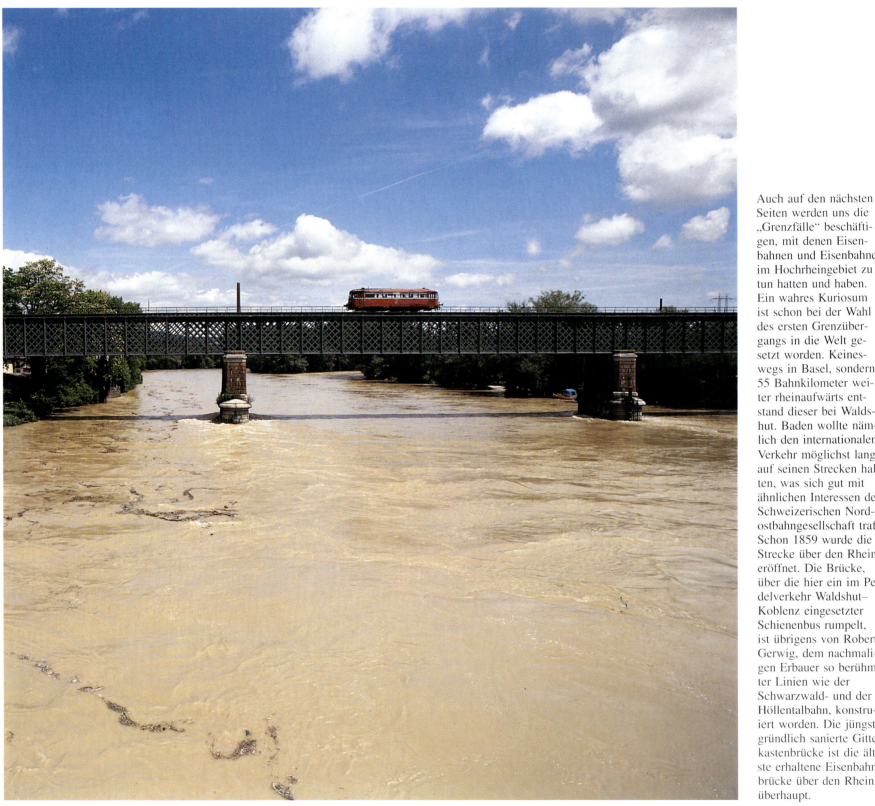

Auch auf den nächsten Seiten werden uns die „Grenzfälle" beschäftigen, mit denen Eisenbahnen und Eisenbahner im Hochrheingebiet zu tun hatten und haben. Ein wahres Kuriosum ist schon bei der Wahl des ersten Grenzübergangs in die Welt gesetzt worden. Keineswegs in Basel, sondern 55 Bahnkilometer weiter rheinaufwärts entstand dieser bei Waldshut. Baden wollte nämlich den internationalen Verkehr möglichst lange auf seinen Strecken halten, was sich gut mit ähnlichen Interessen der Schweizerischen Nordostbahngesellschaft traf. Schon 1859 wurde die Strecke über den Rhein eröffnet. Die Brücke, über die hier ein im Pendelverkehr Waldshut–Koblenz eingesetzter Schienenbus rumpelt, ist übrigens von Robert Gerwig, dem nachmaligen Erbauer so berühmter Linien wie der Schwarzwald- und der Höllentalbahn, konstruiert worden. Die jüngst gründlich sanierte Gitterkastenbrücke ist die älteste erhaltene Eisenbahnbrücke über den Rhein überhaupt.

Von badischen Strecken und Bahnhöfen in der Schweiz war bereits ausführlich die Rede. Entsprechendes gibt es auch umgekehrt: Die schwere Güterzuglok Ae 6/6 11431 rollt hier mit einem langen Schotterzug aus dem Bahnhof Jestetten (Kreis Waldshut), im Hintergrund verläßt ein Personenzug soeben die typisch schweizerische – Oberleitungen, Weichenlaterne, Bahnsteighöhe usw. – Station. Jestetten liegt an der eingleisigen elektrifizierten Hauptbahn Schaffhausen–Eglisau–Zürich, die 1897 von der Nordostbahn eröffnet wurde und auf einer Länge von etwa 8 km durch den Jestetter Zipfel (respektlos auch „Bohnenviertel" genannt) im Klettgau führt.

Ziel Schaffhausen: Re 4/4 11208 hat soeben mit ihrem Schnellzug aus Zürich den Bahnhof Jestetten durchfahren und wird sogleich bei Neuhausen wieder auf schweizerisches Terrain rollen.

1856 hatte die Hochrheinstrecke Waldshut erreicht, dann ruhten für viele Jahre die Bauarbeiten. Denn weiter in Richtung Konstanz gebaut werden konnte praktisch nur, wenn man auf langen Abschnitten den Kanton Schaffhausen durchquerte (29 km). Zwar war unstrittig, daß Schaffhausen angeschlossen werden sollte, aber einen so langen Streckenabschnitt im Ausland zu bauen, davor scheute man in Karlsruhe dann doch zurück. Der Weg über Jestetten war von Gerwigs Leuten bereits abgesteckt, aber schließlich verzichteten die Eidgenossen faktisch auf das damals übliche Rückkaufsrecht und kamen Baden auch in anderen Fragen entgegen; im Gegenzug erhielten sie den erwünschten Bahnanschluß für ihren Teil des Klettgaus und wahrten ihre Chance, Schaffhausen zur Abzweigstation für die geplante Strecke nach Zürich zu machen. Diese Hoffnung erfüllte sich, Schaffhausen ist heute ein bedeutender Eisenbahnknoten. Die Linie nach Basel allerdings ist dabei eher von geringerer Bedeutung.

Als 1863 die Gesamtlinie Waldshut–Konstanz eingeweiht wurde, rückten in Schaffhausen badische Uniformen ein. Auch in den folgenden Jahren blieben die Großherzoglich Badischen Staatseisenbahnen bzw. die Deutsche Reichsbahn in Schaffhausen heimisch. Als 1931 der Bahnhof wesentlich erweitert wurde, mußte das die Reichsbahn zu 48 Prozent finanzieren. Das Empfangsgebäude, an dem hier der von einer Re 4/4 geschobene S-Zug über Jestetten nach Winterthur auf Ausfahrt wartet, hat auch heute noch einen deutschen Flügel.

Während der im Wortsinne internationale Abschnitt Schaffhausen–Basel der Hochrheinstrecke für den internationalen Fernverkehr praktisch nie große Bedeutung erlangte, trifft dies für das Teilstück Schaffhausen–Singen (–Konstanz) sehr wohl zu. Das bezieht sich sowohl auf den Personenverkehr mit den Fernzügen der Relation Zürich–Stuttgart als auch auf den Güterverkehr.

Im Foto oben schleppen zwei Loks der Baureihe 218 bei Gottmadingen einen Güterzug von Singen in Richtung Schweiz, die Arbeiten zur Elektrifizierung der Strecke sind in vollem Gange (Juni 1989). Gut ein halbes Jahr später kann bereits eine Ellok der Reihe Re 4/4 den Schnellzug nach Stuttgart befördern (nebenstehende Seite).

Die Leistungssteigerung auf der Linie Singen–Schaffhausen durch den E-Betrieb bedeutet womöglich das „Aus" für die nun einzige nicht elektrifizierte Strecke der Schweizerischen Bundesbahnen (SBB), nämlich die 1873 eröffnete Verbindung Singen–Etzwilen. Schon für 1995 wurde die Einstellung des deutschen Abschnitts Singen–Rielasingen vorgeschlagen, und mit Fertigstellung des neuen „Huckepack"-Terminals in Singen sollen die Rielasinger HUPAC-Verladung und damit auch das schweizerische Teilstück geschlossen werden, denn ab Singen könnten die Züge sofort mit Elloks zu den Alpentransversalen geschleppt werden.

Für den Personenverkehr ist die Strecke Singen–Etzwilen schon seit Jahren außer Dienst. Einer der letzten Reisezüge war ein von Eb 3/5 1367 geführter Sonderzug nach Singen am 25. April 1987, der hier soeben das badische Rielasingen hinter sich gelassen hat. Die Schranken machen deutlich, daß die Strecke schweizerisch ist.

Konstanz, 414 km von Mannheim entfernte Endstation der badischen Hauptbahn. Konstanz ist die einzige linksrheinische deutsche Stadt am Hochrhein, und in ihren Grenzen ging es stets recht eng zu. Das betraf – und betrifft! – auch den Bahnhof. Eingezwängt zwischen Rhein, Bodensee und Grenze hatte er nie genügend Raum zur Entwicklung, auch nicht, nachdem 1878 die Grenze dergestalt reguliert worden war, daß der zuvor zerschnittene Bahnhof nun ganz unter badische Hoheit kam. So gesehen ist es doch kein Zufall, daß das schöne Empfangsgebäude von 1863 noch immer an Ort und Stelle seinen Aufgaben nachkommt.

Züge der SBB sind erstaunlicherweise in Konstanz heute nur selten anzutreffen. Lediglich die regional bedeutende Mittelthurgau-Bahn fährt Konstanz regelmäßig an und erledigt mit neuen Fahrzeugen sogar bis Engen an der Schwarzwaldbahn einen Teil des Nahverkehrs. Der hier aus Kreuzlingen einfahrende Triebwagen der Mittelthurgau-Bahn endet in Konstanz.

Schwarzwaldbahnen

Badens berühmteste Eisenbahnlinien führen in und durch den Schwarzwald. Nicht aber mit den namhaften soll dieses Kapitel beginnen, sondern mit einer der stilleren im Lande – einer ganz außerordentlichen gleichwohl. Es geht um die Albtalbahn von Karlsruhe nach Bad Herrenalb, die nördlichste Stichbahn in den Schwarzwald überhaupt.

Die Frühgeschichte der Albtalbahn reicht bis 1885 zurück, als die Stadt Ettlingen eine Strecke von der Hauptbahn zur Stadtmitte baute. Bald darauf wurde eine Verbindung nach Karlsruhe, dann ins Albtal im Nordschwarzwald hergestellt, und in den folgenden Jahren erlebte die Albtalbahn das typische Auf und Ab all der anderen Privatbahnen in Baden wie auch anderswo. Entscheidend für das weitere Schicksal wurde der Erwerb des Unternehmens durch die Stadt Karlsruhe 1957, die in den folgenden Jahren die Albtalbahn gemeinsam mit der Karlsruher Straßenbahn zu einem vorbildlichen und bis heute in vielerlei Hinsicht beispielhaften Nahverkehrsbetrieb aufwertete. Dessen moderne Stadtbahnwagen sind inzwischen auch auf Strecken der DB AG – nach Pforzheim, Baden-Baden und Bretten beispielsweise – anzutreffen und bieten den Reisenden umsteigefreie Verbindungen bis in die Karlsruher City.

Das Foto oben zeigt einen aus Bad Herrenalb kommenden Zug, der soeben die Abzweigstation Busenbach (hier beginnt die Zweiglinie nach Ittersbach) durchfahren hat und nun Hochstetten ansteuert.

Neben dem Nord-Süd-Verkehr im Rheintal bestimmte auch die Hoffnung auf ein großes Stück vom Kuchen des europäischen Ost-West-Verkehrs die Gedankenwelt vieler badischer Eisenbahnpioniere. Eine gedachte Linie Wien–Paris durchschneidet auch Baden, allerdings just dort, wo es am unwegsamsten ist: im Schwarzwald. Zunächst galt das mächtige Gebirge als unbezwingbar. Nachdem aber in den 1850er Jahren in Österreich die Semmeringbahn, dann die Brennerbahn Wirklichkeit geworden waren, schossen wieder zahllose Pläne ins Kraut. Realisiert wurden natürlich nur wenige Strecken. Der Verkehr Paris–Wien nutzte letztlich aber auch diese nicht, sondern rollte nördlich am Schwarzwald vorbei und bevorzugte die württembergische Hauptbahn Mühlacker–Ulm.

Natürlich hatten auch die Bewohner des gewerbereichen Murgtales auf eine große Fernbahn gehofft. Eine das Murgtal hinaufführende Strecke hätte aber bald badischen Boden verlassen und durch Württemberg weitergeführt werden müssen. Die Hoffnungen zerstoben. Um wenigstens für den regionalen Verkehr einen Schienenweg zu bekommen, gründete man die „Murgtal-Eisenbahn Aktiengesellschaft", deren Linie Rastatt–Gernsbach am 1. Juni 1869 in Betrieb genommen wurde. Erst 1894 schuf die Murgtalbahn die Verlängerung Gernsbach–Weisenbach, sechs Jahre darauf wurde das Unternehmen vom Staat gepachtet und 1904 schließlich angekauft. Aber auch unter Staatsregie ging es nicht wesentlich flotter voran. 1910 kam Weisenbach–Forbach hinzu, bis 1915 erreichte man Raumünzach, an eine Vollendung war aber angesichts des inzwischen tobenden Weltkrieges nicht zu denken. Die Murgtalbahn wurde schließlich von den Großherzoglich Badischen Staatseisenbahnen auf die Liste derjenigen Strecken gesetzt, deren Bau die Reichsbahn weiterführen sollte. Das tat die Reichsbahn auch, aber erst 1928 wurde die Lücke Raumünzach–Klosterreichenbach geschlossen. Letztgenannter Ort war seit 1901 von den Württembergischen Staatsbahnen von Freudenstadt her angeschlossen. Von dieser recht verworrenen Vorgeschichte merken die Reisenden – beispielsweise hier im Interregio von Freudenstadt nach Emden bei Obertsrot – heute natürlich nichts mehr.

Zehn Tunnels von zusammen rund 2 000 m Länge sowie viele imposante Brücken – hier beim Bahnhof Langenbrand-Bermersbach – machen die Murgtalbahn technisch zu einem bemerkenswerten Bauwerk. 1912 präsentierte die Landesregierung ihre Pläne, die Wasserkräfte zur Stromerzeugung zu nutzen. Der Strom sollte in erster Linie der Umstellung der Hauptbahn auf Elektrotraktion dienen. Das sogenannte „Murgwerk" wurde schon bald realisiert und war ein wichtiges Element im badischen Landesnetz, die konsequente Elektrifizierung der Eisenbahnen allerdings begann erst in den 1950er Jahren – und wird die Murgtalbahn wohl nie erreichen.

Aus Eutingen kommend ist soeben 627 001 in Freudenstadt eingetroffen, nach kurzem Aufenthalt wird er seine Reise nach Hausach an der badischen Schwarzwaldbahn fortsetzen. Im Freudenstadt stößt die Murgtalbahn auf die Verbindung Stuttgart–Hochdorf–Hausach, die uns auf den folgenden Seiten beschäftigen wird.

Württemberg ließ sich mit dem Bau von Eisenbahnen in seinen Teil des Schwarzwaldes ebenfalls Zeit. Zunächst kam die Linie Stuttgart–Leonberg–Calw–Nagold zustande, auch „Württembergische Schwarzwaldbahn" genannt (1868–1872). Sie war zwar mit Rücksicht auf den erwarteten Güterverkehr (Holz!) aufwendig trassiert, konnte aber letztlich keinen bedeutenden Fernverkehr an sich binden. Ihr besonders teurer Abschnitt Calw–Weil der Stadt ist im Personenverkehr sogar 1983 stillgelegt worden. In Calw erhielt die Strecke Anschluß durchs Nagoldtal nach Pforzheim. Damit war das Bergland westlich Stuttgarts weitgehend erschlossen.

Den zweiten Anlauf in den Schwarzwald unternahm Württemberg mit der weiter nach Süden zielenden Linie von Stuttgart über Böblingen und Eutingen nach Freudenstadt. Gleichzeitig erhielt diese Bahn mit der kurzen Linie Eutingen–Horb Anschluß an die obere Neckartalbahn nach Rottweil. Die Gesamtlinie Stuttgart–Freudenstadt wurde am 1. September 1879 in Betrieb genommen und trug damals den Namen Gäubahn, dabei hätte eigentlich sie den Titel „Württembergische Schwarzwaldbahn" verdient gehabt. Aber die Geschichte führte auch hier in eine andere Richtung. Unter Einschluß des südlichen Teils der oberen Neckarbahn hat sich heute der Name Gäubahn für die Linie Stuttgart–Eutingen–Rottweil–Singen eingebürgert, während Eutingen–Freudenstadt praktisch namenlos geblieben ist.

Das spektakulärste Bauwerk der Linie Stuttgart–Freudenstadt ist zweifellos der Dornstettener Viadukt, der in knapp 40 m Höhe das Kübelbachtal auf einer Länge von etwa 280 m überspannt. Auf der Brücke ein VT 627 auf der Fahrt von Eutingen nach Freudenstadt, in wenigen Minuten wird er sein Ziel erreicht haben.

Im Bahnhof Hochdorf, wo sich die Strecken aus Calw und Freudenstadt treffen, ist am Stationsgebäude die Zeit seit ein paar Jahrzehnten stehengeblieben. Nur der soeben einfahrende VT 627 erinnert an die modernere Eisenbahn – dabei ist auch er im Februar 1994, als dieses Foto entstand, schon wieder 20 Jahre alt.

Freudenstadt blieb bis 1886 Endstation der eigentlichen Gäubahn, dann wurde die Kinzigtalbahn nach Schiltach in Betrieb genommen, gleichzeitig in Baden die Linie Schiltach–Wolfach. Wolfach wiederum hatte bereits seit 1878 Anschluß an die Station Hausach der badischen Schwarzwaldbahn.

Bei Schenkenzell passiert 627 003 auf seiner Fahrt von Hausach nach Freudenstadt ein schönes altes Bahnwärterhaus, das inzwischen als Wochenendhaus eine zweite Blüte erlebt.

Romantisches Kinzigtal: Die Diesellok 212 212 rollt mit einem Schotterwagenzug talwärts, in Hausach wird eine Ellok den Zug übernehmen und ihn weiterbefördern in Richtung Rheinebene.

Wir haben die legendäre Schwarzwaldbahn erreicht (korrekterweise müßte man nun sagen: die badische Schwarzwaldbahn), eines der großen technischen Meisterwerke des 19. Jahrhunderts. Sie sollte den Weg zum Bodensee abkürzen, die Idee zu ihrem Bau stammt also noch aus einer Zeit, in der der See als zentrale Handelsdrehscheibe betrachtet wurde. Die Schwierigkeit der Aufgabe führte zu einer Vielzahl von Trassenvorschlägen. Der realisierten Variante hängt immer noch der Ruf an, nur deshalb gebaut worden zu sein, weil sie württembergisches Terrain nicht berührte. Heute, da solche Aspekte keine Rolle mehr spielen, wird es dennoch schwerfallen, eine bessere zu finden. Und was heißt schon besser? Der Fernverkehr, den die Strecke eigentlich anziehen sollte, hat den Weg zum Bodensee praktisch nie gesucht, jede andere Trasse wäre letztlich genauso eine Fehlinvestition geblieben.

Heute beschränkt sich der Fernverkehr auf der Schwarzwaldbahn auf die im Zweistundentakt fahrenden Interregio-Züge, nennenswerter Güterfernverkehr findet hier praktisch nicht statt. Abgesehen von den IR-Zügen ist inzwischen die Baureihe 143 vor fast allen Zuggattungen anzutreffen. Hier rollt sie mit einem Eilzug bei Gegengenbach talwärts.

Der technisch aufregendste Abschnitt der Schwarzwaldbahn beginnt erst bei Hausach. Von Offenburg bis Hausach – hier wurde der Verkehr 1866 aufgenommen – folgt die Strecke der Kinzig, das recht weite Flußtal stellte die Techniker vor keine größeren Probleme. Der mit einer 139 bespannte Nahverkehrszug, abgelichtet vor der historischen Altstadt Gengenbachs, ist unterwegs in Richtung Villingen.

In Biberach zweigt von der Schwarzwaldbahn die 10,6 km lange Nebenbahn nach Oberharmersbach-Riersbach ab. Sie wurde 1904 von den Berliner Unternehmen Deutsche Eisenbahn Betriebs-Gesellschaft und Vehring & Wächter, die zahlreiche Nebenbahnen in ganz Deutschland bauten und betrieben, eröffnet. Heute ist auch hier die SWEG Hausherrin.

Die im Harmersbachtal eingesetzten Fahrzeuge werden für den alltäglichen Betrieb in der Endstation Oberharmersbach-Riersbach gewartet. Daß zu einem positiven Erscheinungsbild der Bahn auch saubere Fahrzeuge gehören, ist der SWEG und ihren Mitarbeitern offenbar sehr wohl bewußt.

Im Frühjahr 1991 erledigte VT 104 der SWEG den Verkehr zwischen Oberharmersbach-Riersbach und Biberach. Hier rollt der letzte Zug des Tages bei Birach der untergehenden Sonne entgegen.

Hinter Hausach beginnt – zunächst noch wenig spektakulär – der Anstieg zur Wasserscheide von Rhein- und Donaugebiet auf der Sommerau bei St. Georgen. Der bei Gutach im Herbst 1993 im Bild festgehaltene Eilzug mit einer 143 an der Spitze hat das Gros des Anstiegs also noch vor sich.

Um den Höhenunterschied von fast 600 m zu meistern, mußte die Trasse künstlich verlängert werden. Bis zum Bau der Schwarzwaldbahn war es üblich, dafür Seitentäler auszufahren, wie bei der Semmering- oder der Brennerbahn mit einfachen Schleifen geschehen. Das reichte in diesem Falle aber nicht aus. Deshalb legte Baumeister Robert Gerwig bei Triberg zwei Doppelschleifen ein. So konnten die Höchststeigung bei 20 Promille (Brenner und Semmering 24 Promille) und der kleinste Kurvenradius bei 300 m (Semmering 190 m, Brenner 285 m) gehalten werden. Mit den Doppelschleifen wurde die Schwarzwaldbahn Vorbild für zahllose Gebirgsbahnen in aller Welt, namentlich für die vielleicht großartigste von allen, die Gotthardbahn. Hier konnte Gerwig, der für einige Jahre die Bauleitung am Gotthard hatte, seine im Schwarzwald gewonnenen Erkenntnisse in noch größerem Maßstab umsetzen.

In die knapp 29 km lange Strecke zwischen Hornberg und St. Georgen legte Robert Gerwig nicht weniger als 34 Tunnels mit einer Gesamtlänge von 8,3 km (der längste ist der Sommerautunnel mit 1 697 m), darunter viele ausgesprochen kurze Röhren. Aus seiner Zeit als Straßenbautechniker im Schwarzwald wußte er um die Schneemassen und Hangrutschungen, Lawinen und Schmelzwasser, die immer wieder den Verkehr gefährdeten. Gerwig bezog also Tunnels als natürlichen Schutz der Trasse in seine Planungen ein, auch dort, wo eine völlige Entfernung des Gesteins möglich gewesen wäre. Die Methode hatte Erfolg, der Verkehr auf der Schwarzwaldbahn ist nur relativ selten durch Felsrutschungen oder Schnee beeinträchtigt worden.

Einen dieser Tunnels, den 19 m kurzen „3. Glasträger-Tunnel", wird 143 927 mit ihrem Eilzug nach Offenburg sogleich durchfahren (rechte Seite). Im Foto oben verläßt 143 899 mit einem Zug in Gegenrichtung den Bahnhof Hornberg.

Mehr noch als die bereits angesprochene badische „Opulenz" beim Eisenbahnbau waren die Bergstrecken mit ihren zahlreichen Tunnels dafür verantwortlich, daß von allen Länderbahnen des Deutschen Reiches die badischen pro Kilometer die höchsten Anlagekosten aufwiesen. Außer der Hauptbahn und einigen Zweigstrecken gab es kaum Linien im Flachland. Auch die Tatsache, daß Baden hinsichtlich der Zahl seiner Tunnels ebenfalls Spitzenreiter war, beleuchtet die oft gestellte „Kostenfrage". In einen der teuersten, den Scheiteltunnel der Schwarzwaldbahn, wird gleich der Interregio nach Konstanz eintauchen (oben).

Nachdem die weniger schwierigen Teilstücke Offenburg–Hausach und Engen–Singen bereits 1866, Donaueschingen–Engen 1868 und Villingen–Donaueschingen 1869 in Betrieb genommen werden konnten, folgte Ende 1873 auch das 53 km lange Kernstück der Schwarzwaldbahn zwischen Hausach und Villingen.

Mit dem Eilzug nach Karlsruhe am Haken verläßt eine 143 den verschneiten Bahnhof Villingen (rechte Seite). Bis zum Scheitelpunkt der Strecke auf der Sommerau (832 m) steigt die Strecke ab Villingen noch um rund 130 m an. Auf der sanft abfallenden Ostseite des Schwarzwaldes kamen Gerwig und seine Leute ohne aufregende Bauwerke aus.

Bis 1934 mußten zwischen Stuttgart und Konstanz verkehrende Züge in Immendingen, wo die württembergische Obere Donaubahn aus Rottweil (fertiggestellt 1870) auf die badische Schwarzwaldbahn trifft, kopfmachen. Erst mit Fertigstellung der Verbindungsbahn zwischen den Bahnhöfen Tuttlingen (Obere Donaubahn) und Hattingen (Schwarzwaldbahn) konnte dieses zeitraubende Prozedere aufgegeben werden.

110 226 hat mit ihrem Eilzug nach Singen soeben die Verbindungsbahn verlassen und biegt auf die Gleise der Schwarzwaldbahn ein. Außer den hier abgebildeten Häusern gibt es in Hattingen-Bahnhof nicht mehr viele weitere.

Zu den attraktivsten Stadtansichten zwischen Bodensee und Schwarzwald gehört gewiß die von Engen, zu den attraktivsten Zügen zählen nicht minder gewiß die Eurocity-Paare „Uetliberg" und „Killesberg", die als Tagesrandverbindung Zürich und Stuttgart verknüpfen. Die Fahrzeuge werden von den Schweizerischen Bundesbahnen (SBB) gestellt, zum Einsatz kommen planmäßig ehemalige TEE-Elektrotriebzüge.

Der Hohentwiel – ein Wintermärchen. Mit dem Interregio von Kassel nach Konstanz rollt 111 104 an dem 689 m hohen Hausberg von Singen vorbei. Die Festung auf dem Hohentwiel, heute eine Touristenattraktion, verdankt ihren Ausbau im 16. Jahrhundert einer List des Landesherrn: Jeder fremde Besucher mußte einen Stein hinaufschleppen. Zum Lohn durfte er dann aus einem goldenen Becher trinken.

In Singen trifft die Schwarzwaldbahn auf die Hochrheinstrecke, außerdem zweigt hier seit 1875 die Strecke nach Etzwilen/Winterthur in der Schweiz ab.

Die Höllentalbahn war das letzte von Robert Gerwig bearbeitete Bahnprojekt. Albert Kuntzemüller, der Biograph der badischen Eisenbahnen, beurteilte sie so: „Technisch ein Meisterwerk, verkehrsgeografisch aber ein Fehlbau." Im Lichte der Gegenwart muß dieses Urteil gemildert werden. Wenn auf allen deutschen Strecken die Züge so reichlich und so voll fahren würden, um die Zukunft der deutschen Eisenbahnen müßte einem nicht bange sein.

Die Schwarzwaldbahn für den erhofften großen Ost-West-Verkehr gab es schon, also blieb für das Höllental nur so etwas wie eine Regional- und Touristenbahn. Am 23. Mai 1887 wurde die 35 km lange Strecke von Freiburg nach Neustadt eröffnet.

Sie bewältigt einen Höhenunterschied von 617 m bei Steigungen bis 55 Promille. Nach der Harzbahn Blankenburg–Tanne war die Höllentalbahn die zweite Bahnstrecke in Deutschland, auf der Loks im gemischten Reibungs- und Zahnradbetrieb (letzterer auf den 7 km zwischen Hirschsprung und Hinterzarten) eingesetzt wurden; alle älteren Bergbahnen hatten permanenten Zahnradbetrieb.

Über den ehemaligen Zahnradabschnitt an der Ravennaschlucht zieht hier eine 139 ihren Zug bergwärts. Die Garnitur befindet sich soeben auf den westlichen Bögen des Ravennaviaduktes.

Die Zugförderung auf der Höllentalbahn hat über Deutschland hinaus Kreise gezogen. Zunächst kamen badische Zahnradloks der Baureihen IXa und IXb zum Einsatz, 1933 abgelöst von den Tenderdampfloks der Baureihe 85 der Deutschen Reichsbahn. Diese Maschinen waren so kräftig, daß fortan auf Zahnstangen verzichtet werden konnte. Schon drei Jahre später wurde der elektrische Betrieb aufgenommen, und zwar mit der Landesnetzfrequenz von 50 Hz. Es mußte also kein eigenes Bahnstromnetz mit den bahnüblichen 16 2/3 Hz aufgebaut werden. Vier der Baureihe E 44 entsprechende, aber mit anderer Elektrik ausgerüstete Loks (E 244) verdrängten die Dampfloks.

Nach dem Zweiten Weltkrieg nahmen die Franzosen, die inzwischen als Besatzungsmacht in Baden eingezogen waren, die Höllentalbahn genau unter die Lupe. Die im Schwarzwald gesammelten Erkenntnisse veranlaßten Frankreichs Staatsbahnen SNCF, ihre wichtigsten Strecken statt mit 1,5-kV-Gleichstrom künftig mit 50-Hz/25-kV-Wechselstrom zu elektrifizieren. Dieses Stromsystem hat sich inzwischen weltweit bewährt.

Bei der Höllentalbahn kam es jedoch anders. Weil die Elektrifizierung der Hauptbahn von Basel aus inzwischen Freiburg erreicht hatte (mit dem üblichen 16 2/3-Hz-Wechselstrom natürlich) war es unwirtschaftlich, den Sonderbetrieb auf der Höllentalbahn beizubehalten, da die Loks ja auf den anderen Gleisen nicht fahren konnten. 1960 wurden die E 244 durch normale E 44 mit elektrischer Widerstandsbremse ersetzt (seit 1968 als BR 145 bezeichnet), die wiederum wurden 1979 durch die BR 139 abgelöst. Diese Maschinen bestimmen bis heute das Bild auf der Höllentalbahn. Auch der im nebenstehenden Foto abgebildete Zug wird von einer 139 gezogen. Er befindet sich im ehemaligen Zahnstangenabschnitt zwischen Ravennabrücke und Hinterzarten.

Linke Seite: Noch einmal die Ravennabrücke, noch einmal die Baureihe 139. Der alte, geschwungene Ravenna-Viadukt bei Höllsteig (die inzwischen aufgelassene gleichnamige Station ist im Hintergrund noch zu erkennen) wurde 1927 durch die heutige Konstruktion ersetzt. 1945 wurde das Bauwerk gesprengt, zwei Jahre später wieder aufgebaut.

Oben: Heftige Niederschläge haben den Hochschwarzwald mit einer imposanten Schneedecke überzogen. 139 135 hat Freiburg bei Nieselregen verlassen, 600 m weiter oben kann der Zug ganze Heerscharen von Wintersportlern in ihrem Element absetzen.

Die sogenannte Dreiseenbahn (Titisee, Schluchsee und Windgfällweiher) gehört zu den jüngsten badischen Nebenbahnen – und zu den unvollendeten gehört sie obendrein. Ihr Bau war bereits 1912 festgelegt worden, aber erst 14 Jahre später, am 1. Dezember 1926, konnte der Eröffnungszug nach Seebrugg dampfen. Daß dieser kleine Ort am Schluchsee Endstation bleiben würde, war allerdings nicht eingeplant gewesen. Aber von der einst erwogenen Fortsetzung nach St. Blasien, vielleicht gar an den Hochrhein, war bald keine Rede mehr. Dafür gab es inzwischen Landstraßen und Busse.

Gemeinsam mit der Höllentalbahn wurde die Dreiseenbahn 1933/36 elektrifiziert. War schon damals der Fremdenverkehr ein gewichtiger Faktor, der für eine Stärkung von Badens höchstgelegener Eisenbahnstrecke sprach, so gilt dies heute noch eindeutiger. Ob Wasser-, Wander- oder Wintersportler – Höllental- und Dreiseenbahn haben praktisch ganzjährig Saison. Das nebenstehende Foto entstand im Mai 1994 am Ort Schluchsee.

Begegnung in Feldberg-Bärental an der Dreiseenbahn. Der Eilzug nach Titisee wartet auf den entgegenkommenden Interregio von Emden nach Seebrugg. Feldberg-Bärental ist mit 967 m der höchstgelegene Bahnhof der DB AG.

Ein Bilderbuchwinter im Schwarzwald. Der Eilzug von Freiburg nach Neustadt hat die Steigungen des Höllentals hinter sich gelassen und rollt gleich in Titisee ein. Im Bildhintergrund die Kirche des bekannten Urlaubsortes.

Endstation der Höllentalbahn war zunächst Neustadt. Die Fortsetzung der Strecke von hier nach Donaueschingen wurde erst 1901 eröffnet. Sie wurde recht großzügig angelegt (praktisch ohne niveaugleiche Übergänge), aber alles in allem viel zu kurvig trassiert, da man bemüht war, jedem größeren Ort einigermaßen nahe zu kommen.

In Neustadt endet die Fahrleitung der Höllentalbahn. Ab hier geht es heute mit Dieseltriebzügen im Taktverkehr über Donaueschingen weiter nach Ulm. Die Garnitur mit 928 242 an der Spitze hat soeben die aufgelassene Station Kappel-Gutachbrücke passiert. Hier zweigte die 1907 eröffnete und längst wieder verschwundene Stichstrecke nach Bonndorf mit der bekannten Lenzkircher Spitzkehre ab – ein noch krasserer Fehlbau als die windungsreiche Strecke Neustadt–Donaueschingen.

Vom Bodensee nach Stuttgart

Regen in Konstanz. Eine 110 zieht eine abgebügelte 143 mit dem Nahverkehrszug aus Singen über die Rheinbrücke zum Hauptbahnhof.

Ihren Aufstieg zum wirtschaftlichen Zentrum des Hegaus verdankt die Stadt Singen der Eisenbahn: Nach der Hochrheinbahn aus Waldshut/Schaffhausen 1863 und der Schwarzwaldbahn 1866 folgte 1875 die Etzwilen-Bahn von Winterthur. Singen war damit zu einem der bedeutendsten Eisenbahnknoten im Verkehr Süddeutschlands mit der Schweiz geworden.

Der Eisenbahn folgten bedeutende schweizerische Unternehmen, die in Singen deutsche Niederlassungen gründeten: Alusingen beispielsweise, eine Tochter des schweizerischen Aluminiumproduzenten Alusuisse. Den folgenreichsten Schritt aber tat Julius Maggi aus Kempttal, der ab 1887 von Singen aus mit „Maggis Suppen- und Speisewürze" deutsche Küchen eroberte und 1899 direkt am Bahnhof eine Würze- und Suppenfabrik eröffnete. Der 1909 fertiggestellte 45 m hohe Wasserturm, damals als neues Wahrzeichen der Stadt gefeiert, ist rechts im Bildhintergrund zu sehen. Im Vordergrund wartet EC „Killesberg" von Zürich auf Ausfahrt nach Stuttgart.

Für die Reise von Stuttgart zum Bodensee bot sich bis 1869 praktisch nur die Hauptbahn über Ulm an. Dann setzte Württemberg neue Marksteine. Im August 1869 wurde die Obere Neckarbahn von Plochingen über Reutlingen, Tübingen, Horb und Rottweil nach Villingen fertiggestellt (in sieben Etappen, beginnend 1859, war sie in Betrieb genommen worden), ein Jahr später deren Zweiglinie Rottweil–Tuttlingen–Immendingen. In Villingen wie Immendingen bestand Anschluß an die badische Schwarzwaldbahn und damit auch an den Bodensee.

Bahnhof Tuttlingen war zunächst eine eher bescheidene Station. Erst mit der strategischen Bahn Sigmaringen–Tuttlingen wurde sie aufgewertet. Diese Strecke durchs Donautal diente als Zubringer von den südwürttembergischen und bayerischen Garnisonen zur „Sauschwänzlebahn" (siehe Seite 40), die nahe Immendingen von der Schwarzwaldbahn abzweigt. Völlig umgestaltet wurden die Tuttlinger Bahnanlagen in den 1930er Jahren anläßlich des Baus der Verbindungsbahn nach Hattingen. Das in dieser Zeit entstandene Reiterstellwerk am südlichen Bahnhofskopf passiert 110 386 mit dem Eilzug nach Singen.

1932/33 erhielt Tuttlingen auch ein Bahnbetriebswerk mit siebenständigem Ringlokschuppen und Personalgebäude im Stil der sogenannten Neuen Sachlichkeit. Das seit Ende der Dampflokzeit seiner eigentlichen Funktion beraubte Baudenkmal dämmerte jahrelang ungenutzt dem Verfall entgegen. Nun soll hier ein Museum entstehen. Im Mai 1994 wartete im Bw-Gelände eine endlose Schlange ausgemusterter DR-Dampfloks der Baureihe 50 auf ihr weiteres Schicksal.

Der Eilzug nach Stuttgart hat soeben Horb verlassen und beginnt nun den Anstieg aus dem Neckartal auf die Hochflächen des Gäus. 1866 hatte die aus Plochingen kommende Obere Neckarbahn Horb erreicht, im Jahr darauf ging es weiter in Richtung Rottweil. 1874 erreichte auch die Nagoldbahn Horb, in Hochdorf bzw. Eutingen kreuzt diese die alte Gäubahn. Noch heute ist Horb Ausgangs- und Endpunkt vieler Züge von und nach Pforzheim. Zur dominierenden Linie hat sich allerdings längst die Route Stuttgart–Singen entwickelt, die jetzt den Namen „Gäubahn" trägt.

Die Obere Neckarbahn, die in Horb auf die Gäubahn trifft, gehört im Abschnitt Tübingen–Horb zwar zu den landschaftlich schöneren, betrieblich aber inzwischen zu den ruhigeren Strecken Württembergs. Mit Eröffnung der Verbindung Eutingen–Horb 1874 verlor sie ihre Bedeutung für den Verkehr zwischen Stuttgart und dem Bodenseegebiet und kommt praktisch nur noch regionalen Aufgaben nach. Im Foto oben eine aus Tübingen kommende VT 628-Garnitur auf der Neckarbrücke bei Rottenburg.

Der Raum Tübingen war bis Mitte der 1980er Jahre für Eisenbahnfreunde vor allem wegen der hier noch eingesetzten Elektrotriebzüge der Baureihen 425 und 427 interessant. Die Reihe 427, 1964 als ET 27 mit fünf Garnituren in Dienst gestellt, galt als Urtyp einer neuen Fahrzeuggeneration für den Nahverkehr in Ballungsräumen. Der Serienbau unterblieb, aber viele der mit den 427 gewonnenen Erkenntnisse flossen in den Bau der Reihe 420, die als der S-Bahn-Triebzug schlechthin heute auch im Raum Stuttgart das Bild des DB-Schienennahverkehrs bestimmt. Die ET 427 dagegen blieben Einzelgänger und rollten nach gut 20 Jahren aufs Abstellgleis. Das Foto oben entstand im Juni 1985 bei Kirchentellinsfurt an der Strecke Plochingen–Tübingen.

Endstation Abstellgleis hieß es zu dieser Zeit auch für 425 408 und seine Artgenossen (Bw Tübingen, Juni 1985). Die bei der DB verbliebenen Fahrzeuge dieser aus den 1930er Jahren stammenden Reihe waren erst zwischen 1963 und 1966 unter erheblichem Aufwand umgebaut worden. Auch sie mußten sich zwischen Plochingen und Tübingen das Gnadenbrot verdienen.

Von Tübingen aus soll es nun wieder zurück in Richtung Bodensee gehen, und zwar zunächst über die sogenannte Zollernbahn Tübingen–Sigmaringen (eröffnet zwischen 1869 und 1878). Ab Sigmaringen steht dann ein Ausflug auf der Donaubahn Ulm–Tuttlingen auf unserem Fahrplan, bevor auf der Allgäubahn noch einmal Kurs „Schwäbisches Meer" genommen wird.

Zum Foto oben: 215 109 hat mit ihrem Eilzug nach Aulendorf vor wenigen Minuten den Bahnhof Tübingen verlassen und nimmt nun die erste Steigung auf die Alb. Das typisch württembergische Bahnwärterhaus, zum Zeitpunkt der Aufnahme (Juni 1985) rund 116 Jahre alt, hat den Lauf der Zeit ohne nennenswerte „Modernisierungen" überstanden. Hinter der Lok rollen drei Umbau-Vierachser mit hellgrünem Zierstreifen, der mittlere Wagen trägt die Aufschrift „Allgäu-Zollern-Bahn". Die so „aufgewerteten" Züge waren ein früher und kostengünstiger Versuch, der Strecke ein Markenzeichen zu geben. Die Umbau-Vierachser sind längst verschwunden, dafür trägt inzwischen auch im Kursbuch die Strecke Tübingen–Sigmaringen–Aulendorf den Titel „Zollernbahn".

Die Baureihe 215 des Bw Ulm ist auf der „Zollernbahn" nach wie vor zu Hause. Hier begegnet uns bei Albstadt-Laufen eine frisch lackierte und mit neuem „DB-Keks" verzierte Maschine mit ihrem Eilzug nach Sigmaringen. Nur noch wenige Meter, und der Zug hat die etwa 720 m über NN liegende Wasserscheide zwischen Rhein und Donau auf der Alb erreicht.

Sigmaringen ist südlicher Endpunkt des Gleisnetzes der Hohenzollerischen Landesbahn AG (HzL). Das bedarf einiger Erläuterungen. Die sogenannten Hohenzollerischen Stammlande ziehen sich als schmaler Streifen von der Alb in den südlichen Grenzraum zwischen Baden und Württemberg. Von den Herren im fernen Potsdam wurde für die inzwischen ihrem Familienzweig zugefallenen Stammlande etwa ab 1900 gemeinsam mit der Westdeutschen Eisenbahn-Gesellschaft ein kleines Privatbahnnetz aufgespannt, das die Linien Eyach–Hechingen–Gammertingen–Sigmaringen (78 km), Gammertingen–Kleinengstingen (20 km) und Hanfertal–Sigmaringendorf (10 km) umfaßt. Nach der Auflösung Preußens und der Einschmelzung der Hohenzollerischen Stammlande in das Bundesland Baden-Württemberg wurde letzteres Hauptaktionär der Landesbahn, den Rest teilen sich der Zollernalbkreis und der Kreis Sigmaringen.

Zum Foto: V 81, die älteste Diesellok der Landesbahn (1957 von der Maschinenfabrik Esslingen gebaut), hat soeben mit einem Arbeitszug den neuen Bahnsteig der HzL am Bahnhof Sigmaringen erreicht und liefert jede Menge Schotter für die frisch verlegten Gleise an (Mai 1994). Im Hintergrund das aus dem 18. bzw. 19. Jahrhundert stammende Schloß Sigmaringen, in dem heute unter anderem das Fürstlich Hohenzollernsche Museum zu Hause ist.

VT 42 und VT 43 der HZL sind am Rosenmontag des Jahres 1994 gemeinsam im Landesbahnhof Hechingen angekommen und sogleich entkuppelt worden. Während VT 43 (im Hintergrund) für die Rückfahrt nach Sigmaringen stehenbleibt, wird VT 42 angesichts der Kälte sogleich zur Ladestation neben den ausgedehnten Gleisanlagen des Hechinger HzL-Bahnhofs rollen, um die Akkus seiner Hilfsaggregate unter Spannung zu halten.

Die Strecke Sigmaringen–Tuttlingen führt durch eine der schönsten Landschaften Baden-Württembergs. Dieses obere Donautal ist aber auch eine der am dünnsten besiedelten Regionen, und vermutlich wäre hier nie und nimmer eine aufwendige Hauptbahn gebaut worden, wenn nicht militärische Überlegungen dazu Anlaß gegeben hätten. Sigmaringen–Tuttlingen ist faktisch die östliche Verlängerung der „Sauschwänzlebahn". Das Gros der Baukosten trug das Deutsche Reich, Württemberg nur so viel, wie der Bau einer Sekundärbahn zwischen Sigmaringen und Tuttlingen gekostet hätte – wahrlich eine weise Lösung der Finanzfrage.

Wie gering der örtliche Quellverkehr heute ist, läßt sich daran ermessen, daß auf den 42 km zwischen Tuttlingen und Sigmaringen nur noch eine Zwischenstation im Personenverkehr von der DB AG bedient wird: Beuron mit dem berühmten Benediktinerkloster. Inzwischen hat aber der Landkreis Tuttlingen die Initiative ergriffen und läßt von der Hohenzollerischen Landesbahn weitere Stationen anfahren, darunter manche nur am Wochenende für die zahllosen Touristen.
628 244 hat Beuron soeben verlassen und fährt nun weiter in Richtung Sigmaringen.

Zu den „Wochenendstationen" im oberen Donautal gehört auch Hausen im Tal. Wohl manchem der Rad- und Wandertouristen wird der seltsam anmutende Wasserbehälter am Westkopf des Bahnhofs auffallen, der aus der Eröffnungszeit der Strecke (1890) stammt und sehr an die aus Western-Filmen bekannten Konstruktionen amerikanischer Eisenbahnen erinnert (ein ähnlicher Behälter steht auch noch im Freiburger Bw-Gelände). Im Gegensatz zu diesen hölzernen Bauten ist der Hausener jedoch aus Eisen. Wieviele Loks vor Militärzügen hier wohl ihre Vorräte ergänzt haben?

Die Donaubahn Ulm–Sigmaringen entstand in sechs Etappen zwischen 1868 und 1873, am 13. Juni 1869 wurde das Teilstück Blaubeuren–Ehingen eröffnet, an dem auch Bahnhof Schelklingen liegt (Foto rechte Seite). 1901 ging die Zweigstrecke nach Münsingen in Betrieb, und drei Jahre darauf wurde Schelklingen von der Maschinenfabrik Esslingen mit Wärterstellwerken an den Einfahrten sowie einem damit mechanisch verbundenen Befehlsstellwerk im Stationsgebäude bestückt. Diese noch vorhandene Stellwerkstechnik ist heute in ihrer Art einmalig.

Das Wärterstellwerk an der Ulmer Bahnhofsseite wird hier soeben von 215 150 passiert, die einen Eilzug von Sigmaringen nach Ulm schiebt.

Etwa gleichzeitig mit der Donaubahn entstand die württembergische Allgäubahn, die in der Station Herbertingen von der Donaubahn abzweigt und dann über Aulendorf und Kißlegg nach Isny vorangetrieben wurde (1874). Heute ist schon in Kißlegg an der Hauptbahn Memmingen–Lindau Endstation, nach Isny fahren keine Züge mehr.

Im Bahnhof Saulgau begegnen sich der aus Kißlegg kommende 627 001 und eine in Gegenrichtung fahrende VT 628-Garnitur. Schüler sorgen dafür, daß in beiden Zügen heilloses Gedrängel herrscht.

Regenwetter an der Hauptbahn Memmingen–Kißlegg–Lindau. Ein VT 627 hat soeben Kißlegg verlassen und rollt nun an Gut und Kirche Bärenweiler vorbei in Richtung Bodensee.

Die Vollendung der Bodensee-Gürtelbahn war eines der letzten größeren Bahnprojekte Badens, Württembergs und Bayerns. Erst 1901 war das bei Stahringen von der Strecke Radolfzell–Sigmaringen abzweigende badisch-württembergische Schlußstück bis Friedrichshafen durchgehend befahrbar, zwei Jahre zuvor war die württembergisch-bayerische Linie Friedrichshafen–Lindau fertiggestellt worden. Seit 1901 also kann man den gesamten See per Bahn umrunden.

Anders als die meisten Strecken aus der Zeit um 1900 hat sich die Bodensee-Gürtelbahn bis heute bestens behaupten können. Die stetig zunehmende Besiedlung der Seeregion und der blühende Tourismus haben der ehedem mit wenig Vorschußlorbeeren bedachten Strecke inzwischen lebhaften Verkehr beschert.

Von der Terrasse der berühmten Wallfahrtskirche Birnau hat man diese Aussicht auf den Überlinger See. Der von einer 218 gezogene Zug fährt in Richtung Friedrichshafen, nächster Halt ist Uhldingen-Mühlhofen.

Kein anderes Vorsignal an deutschen Gleisen dürfte häufiger fotografiert worden sein als das an der westlichen Einfahrt von Überlingen. Auch in diesem Buch soll es nicht fehlen. 218 277 zieht einen Eilzug von Lindau nach Singen.

Oben ein letzter Besuch an der Bodensee-Gürtelbahn: 211 363 begegnet uns mit einem Nahverkehrszug aus Radolfzell östlich von Sipplingen.

Zum Foto auf der Seite rechts: Württemberg hatte mit seiner Hauptbahn Stuttgart–Ulm–Friedrichshafen die erste Strecke am Bodensee fertiggestellt. Um sich diesen „Titel" und die daraus erhofften wirtschaftlichen Vorteile zu sichern, hatte man von Friedrichshafen aus den Bau begonnen – Material und Maschinen waren auf dem Landweg mit Fuhrwerken herangeschafft worden. Am 8. November 1847 wurde Friedrichshafen–Ravensburg eröffnet, erst im Juni 1850 erreichte man in Ulm Anschluß an die nördlichen Landesteile.

Der etwas jüngere Ast Ulm–Augsburg–München (1854) hat die Südbahn, wie das Teilstück Ulm–Friedrichshafen der württembergischen Hauptbahn auch genannt wird, recht bald in den Schatten gestellt. Die Grenze der Württembergischen und der Bayerischen Staatsbahnen lag mitten auf der alten, steinernen Donaubrücke, die ein Opfer des Zweiten Weltkrieges geworden ist. Die heutige Blechträgerbrücke markiert über der Flußmitte die Grenze der Bahndirektionen (jetzt Regionalbereiche geheißen) Stuttgart und München.

Da im bayerischen Neu-Ulm von der Maximiliansbahn – so hieß bei den altvorderen Bayern die Linie Ulm–München – noch die vielbefahrene Linie nach Kempten abzweigt, herrscht auf der Donaubrücke stets überaus reger Verkehr. Hier rollt vor der Kulisse der Altstadt und des 161 m hohen Münsterturmes (es ist bekanntlich der höchste Kirchturm der Welt) eine 150 mit einem Ganzzug in Richtung Augsburg.

Linke Seite: Nachtstimmung über dem Ulmer Hauptbahnhof. Der ICE aus München ist soeben an Bahnsteig 2 eingefahren, rechts rollt der Interregio nach Lindau ein. Im Vordergrund wartet 103 110, die den IR aus Lindau zur Weiterfahrt in Richtung Stuttgart übernehmen wird.

Oben: Frühling am Albaufstieg zwischen Ulm und Amstetten bei Lonsee. Der ICE ist unterwegs in Richtung Stuttgart.

Die Überquerung der Alb mit der berühmten Geislinger Steige ist nach wie vor ein Sorgenkind im württembergischen Eisenbahnnetz. Einige Zahlen: Vom Hauptbahnhof Stuttgart (247 m ü. NN) liegt die Hauptbahn nach Ulm zunächst bis zur Cannstatter Neckarbrücke in leichtem Gefälle, dann steigt sie im Neckartal bis Plochingen sanft, aber kontinuierlich an, bis Göppingen wird die Steigung etwas stärker, mit 10 Promille geht es schließlich bergan bis Geislingen (469 m ü. NN), wo der eigentliche Albaufstieg beginnt. Mit 22 Promille Neigung windet sich die Strecke dann hinauf nach Amstetten (582 m ü. NN). Von dort bis Westerstetten geht es leicht bergab, ehe beim Bahnhof Beimerstetten mit einer Steigung von bis zu 10 Promille der höchste Punkt der Strecke (595 m ü. NN) erreicht ist. Nun geht es mit einer Neigung von 14,3 Promille – auch das ist für eine erstrangige Magistrale noch ein außergewöhnlicher Wert – hinab nach Ulm. Der dortige Hauptbahnhof liegt 478 m ü. NN.

151 126, die uns hier bei Urspring begegnet, hat eine Reihe älterer Reisezugwagen am Zughaken, die vermutlich ihre letzte Fahrt unternehmen. Die etwa 600 t stellen für die sechsachsige Güterzuglok kein nennenswertes Problem dar.

Nicht nur die 22-Promille-Steigung, auch die engen Kurven zwingen auf der Steige selbst schnellste Züge zu gemächlicher Gangart. Der ICE ist soeben nördlich von Amstetten in den steilsten Streckenabschnitt eingefahren und rollt nun talwärts.

Vor der Elektrifizierung 1933 ging praktisch kein Zug ohne Schiebelok die Steige hinauf. Aber auch heute ist „Druck" eine alltägliche Angelegenheit. Schwere – das heißt in diesem Falle „normale" – Güterzüge, obwohl in der Regel schon von sechsachsigen Maschinen der Reihen 150 oder 151 gezogen, werden von einer weiteren 150/151 nachgeschoben. Bis Mitte der 1980er Jahre waren zumeist Loks der BR 194 im Schubdienst anzutreffen, wie hier 194 054, die sich soeben im Bahnhof Geislingen hinter den Zug gesetzt hat (April 1985).

Auch von Ulm nach Amstetten werden schwere Güterzüge nachgeschoben, wozu neben Elloks auch Dieselloks der Reihe 215 zum Einsatz kommen. Und auch hinter IC/EC, an deren Spitze eine 103 ihr Werk verrichtet, ist wegen der immer schwerer gewordenen Züge Schub von Geislingen inzwischen eine normale Angelegenheit – sehr zum Leidwesen der Fahrplangestalter, die ihre liebe Not damit haben, auf der extrem dicht befahrenen Strecke auch noch die zurückkehrenden Schiebeloks unterzubringen.

Für die Fahrt von Ulm nach Stuttgart soll an dieser Stelle allen, die genügend Zeit mitbringen, auch einmal der 55 km längere Weg über Aalen ans Herz gelegt werden. Ab Ulm folgt die 1876 fertiggestellte eingleisige Strecke zunächst der Donau, knickt dann ins Brenztal ab, quert bei Heidenheim die Rhein-Donau-Wasserscheide und stößt in Aalen auf die 1861 bis 1863 gebaute Remstalbahn Stuttgart–Nördlingen, nach der Ulm-Neu Ulmer von 1854 die zweite Eisenbahnverbindung Württembergs mit Bayern. An der Remstalbahn-Station Schwäbisch Gmünd entstand auch das obige Foto mit der einfahrenden Regionalschnellbahn von Aalen nach Stuttgart.

Die Bahn über Nördlingen reichte niemals an die Ulmer Linie heran, heute wird sie im Nord-Süd-Güterfernverkehr häufig zur Entlastung der Strecke über die Steige genutzt. Von der Station Goldshöfe der Remsbahn wurde 1866 über Crailsheim eine weitere Strecke in Richtung Bayern vorangetrieben, die jedoch zunächst Anschluß an Schwäbisch Hall (1867) und Mergentheim (1869) erhielt. Ihre inzwischen wichtigste Verlängerung, die nach Ansbach in Bayern nämlich, kam erst 1875 zustande. Heute rollt hier das Gros des Fernverkehrs Stuttgart–Nürnberg–Sachsen.

Bis Schorndorf ist die Remsbahn in das Stuttgarter S-Bahn-Netz eingeflochten. Wie auf der Münchner und der Rhein-Main-S-Bahn werden auch im Großraum Stuttgart dabei nur Fahrzeuge der ET 420-Familie eingesetzt. Der Zug links wurde auf der Fahrt von Schorndorf nach Stuttgart inmitten blühender Obstwiesen bei Remshalden fotografiert.

Die aus Richtung Süden (Hauptbahn samt Zweiglinien) und Osten (Remsbahn, Murrtalbahn) in die Landeshauptstadt führenden Strecken kommen in Bad Cannstatt zusammen und laufen dann gemeinsam zum Stuttgarter Hauptbahnhof. Der Neckar wird dabei auf einer viergleisigen Beton-Bogenbrücke überquert. Der auf Stuttgarter Seite an diese Rosensteinbrücke anknüpfende Rosensteintunnel war der erste Tunnel der Königlich Württembergischen Staatseisenbahnen. Der führende Triebkopf des aus Richtung Ulm kommenden ICE ist bereits darin verschwunden.

1846 erhielt Stuttgart seinen ersten Bahnhof, 1866 löste ihn der weit größere „Centralbahnhof" ab. Um die Jahrhundertwende war auch dieser schon wieder viel zu klein, ja das gesamte Gleissystem Stuttgarts und seiner Vororte erwies sich als heillos überfordert. Die Staatsbahn entwickelte angesichts dessen ein Konzept, das die Anlage neuer Güter- und Rangierbahnhöfe, den viergleisigen Ausbau der Strecken nach Ludwigsburg und Cannstatt sowie einen erheblich größeren neuen Hauptbahnhof – wie seine Vorgänger eine Kopfstation – vorsah.

Die Bauarbeiten begannen 1911, aber erst 1922 konnte der erste Bauabschnitt abgeschlossen werden. 1928 war das Gesamtwerk vollendet. Allerdings zwang die Not jener Jahre zu Kompromissen. Die vorgesehenen stählernen Bahnsteighallen konnten nicht realisiert werden, weil kein Material zu bekommen war. Man behalf sich mit bescheidenen hölzernen Hallenkonstruktionen, die im Zweiten Weltkrieg zu Asche wurden. Die heutigen Bahnsteigdächer sind in ihren Ausmaßen den alten hölzernen sehr ähnlich.

Architektonisch setzte das von Bonatz und Scholer entworfene Empfangsgebäude seinerzeit neue Maßstäbe. Die betonte Sachlichkeit der Formen war damals schlicht revolutionär.

Revolutionäres bahnt sich auch für die Zukunft an. DB AG, Stadt und Land haben ihren Willen erklärt, auch die Ferngleise unter die Erde zu legen (wie mit der S-Bahn bereits geschehen) und so für die Schwabenmetropole einen Durchgangsbahnhof zu schaffen.

Fahrt in den Abend: 120 156 wartet mit ihrem IC nach Dortmund auf weitere Reisende, der ICE nach Hamburg hat seine Fahrt soeben begonnen. Auf dem Turm des Empfangsgebäudes dreht der Mercedes-Stern einsam seine Runden (März 1994).

Bahnen im Norden

Auf der Murrtallinie zwischen Hessental (an der Kocherbahn Crailsheim–Heilbronn) und Waiblingen (an der im vorigen Kapitel besprochenen Remsbahn) beginnt unsere Fahrt über die „Bahnen im Norden". 1880 war die Strecke durchgehend befahrbar und bot somit neben der Remsbahn eine zweite Verbindung Stuttgart–Nürnberg. In Crailsheim treffen beide aufeinander. Im Foto oben zieht eine 218 den D 481 von Nürnberg nach Locarno zwischen Schwäbisch Hall-Hessental und Gaildorf durch den Frühlingsmorgen. Die im Frühjahr 1994 begonnenen Elektrifizierungsarbeiten des Abschnitts Backnang–Crailsheim haben hier noch keine Spuren hinterlassen.

Eine sozusagen „unberührte" Eisenbahn-Landschaft präsentiert sich im Mai 1994 auch noch westlich des Gaildorfer Tunnels. Eine 218 und drei Wagen bilden den E 3774 von Nürnberg nach Stuttgart, dessen wenigen Fahrgästen eine schöne Fahrt durch den frühlingshaften Murrhardter Wald bevorsteht.

In Gaildorf West zweigt von der Murrtalbahn die zur Württembergischen Eisenbahn-Gesellschaft (WEG) gehörende normalspurige Nebenbahn nach Untergröningen ab (eröffnet 1903). Wie viele andere kleine nichtbundeseigene Eisenbahnen lebt sie im wesentlichen vom Schülerverkehr, hat sich allerdings in jüngster Zeit durch den Versand von Holzschnitzel in Ganzzügen ein zweites Standbein schaffen können. Außerdem soll an dieser Stelle nicht der Hinweis auf die hier verkehrenden historischen Züge der „Dampfbahn Kochertal" fehlen. Aber auch der tagtägliche Fuhrpark ist einen Besuch wert. Hier ein Blick aus dem einständigen Lokschuppen von Untergröningen auf T 24, der soeben für die nächste Fahrt vorbereitet wird. Im Hintergrund wartet vor dem Stationsgebäude T 36.

In Backnang trennt sich von der Murrtalbahn die 1879 eröffnete und ursprünglich nach Bietigheim führende eingleisige Hauptstrecke nach Ludwigsburg, die westlich von Marbach Teil des Stuttgarter S-Bahn-Netzes ist. Unmittelbar vor dem Marbacher Bahnhof überquert die Strecke das Neckartal. Die beiden ET 420-Garnituren werden nach kurzer Wendezeit nach Stuttgart zurückfahren.

Zurück zu den Magistralen. Die Verknüpfung der württembergischen mit der badischen Hauptbahn wäre sinnvollerweise durch eine Linie Stuttgart–Pforzheim–Karlsruhe mit einem gleichbedeutenden Zweig Pforzheim–Bretten–Bruchsal (heute nennt man so etwas „Y-Lösung") geschehen. Aber Württemberg suchte einen kürzeren und dabei möglichst weit auf eigenem Terrain liegenden Weg in Richtung Mannheim – was gingen Stuttgart die Interessen der gewerbereichen badischen Stadt Pforzheim an. Also baute man quer durch die Maulbronner Wälder auf Bruchsal zu. Der Abzweig nach Karlsruhe entstand praktisch auf der grünen Wiese. Als am 27. September 1853 die Abzweigstation dem Betrieb übergeben wurde, weigerte sich die zuständige Gemeinde Dürrmenz, ihren stolzen Namen für das Objekt herzugeben. Also mußte der unbedeutende Weiler Mühlacker Taufpate werden. Seit 1930 erst heißt der Ort am Bahnhof auch offiziell Mühlacker, gleichzeitig wurde er zur Stadt erhoben. So lesen sich Lebensläufe von Eisenbahnerorten.

Seit Inbetriebnahme der Schnellfahrstrecke Mannheim–Stuttgart 1991 braust der hochwertige Nord-Süd-Reiseverkehr an Mühlacker vorbei. Geblieben sind jedoch einige Fernzüge der Relation Karlsruhe–Stuttgart, hier ein Schnellzug aus Straßburg mit 181 223 an der Spitze. Geblieben sind im und am Bahnhof auch zahlreiche Bauten, vom Wohnhaus bis zum Geräteschuppen, die an die große Zeit der Eisenbahn in Mühlacker erinnern.

Das wohl bekannteste Eisenbahnbauwerk Württembergs – neben der Steige und dem Stuttgarter Hauptbahnhof – dürfte der Enzviadukt von Bietigheim an der Strecke nach Mühlacker sein. Es sind nicht nur seine Ausmaße – 287 m lang, Höhe über der Flußsohle 33 m – sondern auch seine ästhetischen Qualitäten, die ihn zu einem herausragenden Baudenkmal machen: Hier wird das Tal nämlich in 21 antikisierten Doppelbögen überspannt. Das überaus schön proportionierte Sandsteinbauwerk wurde im April 1945 von deutschen Truppen gesprengt, sechs Bögen mußten nach Kriegsende aus Beton wiederaufgebaut werden. Erfreulicherweise hat man diesen Beton so eingefärbt, daß sich die optischen Beeinträchtigungen in Grenzen halten.

Seit der Verlagerung des hochwertigen Personenfernverkehrs auf die Schnellfahrstrecke Mannheim–Stuttgart bestimmen Regional- und Güterzüge das Bild. Dieser von einer 140 gezogene Zug ist auf der Fahrt in Richtung Mühlacker.

Die vom Bodensee über Ulm und Stuttgart nach Norden führende württembergische Hauptbahn bzw. „Centralbahn" hatte zwei Zielpunkte: zum einen – wie eben erläutert – die badische Hauptbahn mit dem Bahnhof Bruchsal (1853 wurde dieser Zweig eröffnet), zum anderen die Hafenstadt Heilbronn (1848), bis wohin der Neckar für die bescheidenen Kähne jener Zeit schiffbar war (die heutige opulente Neckarkanalisierung wurde erst 1921 von Mannheim aus begonnen und endete am Kraftwerk Obertürkheim 1967). Die Gleise trennen sich im Bahnhof Bietigheim-Bissingen, der ältere Heilbronner Ast, der sich bald als der weniger wichtige erwies, wurde auch als Untere Neckarbahn bezeichnet. Bis heute weisen noch zahlreiche Formsignale darauf hin, daß die Bedeutung der Strecke keineswegs herausragend ist. Im Foto links zieht 110 296 den Schnellzug von Bremen über Hameln, Kassel, Würzburg und Heilbronn nach Stuttgart an den Weinbergen und dem Einfahrsignal von Besigheim vorbei (Oktober 1987). Dieser heute seltsam anmutende Zuglauf ist infolge der guten Anbindung Stuttgarts an Norddeutschland durch den ICE-Verkehr inzwischen Geschichte.

Die zunächst nur eingleisige Strecke Bietigheim–Heilbronn wurde erst gut 40 Jahre nach ihrer Eröffnung zweigleisig ausgebaut. Da der 584 m lange Kirchheimer Tunnel von den sparsamen Altvorderen nur für ein Gleis bemessen worden war, mußte parallel zur alten eine zweite, gleich lange Röhre angelegt werden (1892/93). Durch eine gemeinsame Schildwand verknüpfte man beide Tunnelmünder zu architektonischer Einheit.

Aus Richtung Stuttgart kommend, taucht soeben eine 110 mit ihrem Eilzug nach Heilbronn in die ältere Röhre ein, durch die andere ist der Blick frei auf den nördlichen Tunnelmund.

Knapp 14 Jahre lang war Heilbronn Endstation im württembergischen Staatsbahnnetz. Erst 1862 wurde mit der Kocherbahn nach Hall wieder eine neue Linie eröffnet, 1867 wurde sie bis Crailsheim verlängert. Zum Bahnknoten stieg Heilbronn 1866 auf, als die Strecke nach Jagstfeld in Betrieb genommen wurde, drei Jahre später erreichte diese Osterburken. Schließlich sei auch die Strecke nach Eppingen (–Karlsruhe) nicht vergessen, deren erstes Teilstück 1878 in Betrieb ging.

Schon bald darauf wurde übrigens die gesamte Ost-West-Linie von Crailsheim über Hall und Heilbronn nach Eppingen zweigleisig ausgebaut. Die Kosten dafür trug im wesentlichen das Deutsche Reich, waren doch militärische Forderungen des Generalstabes für diesen Ausbau maßgebend gewesen. Der zivile Verkehr rechtfertigte den Aufwand zumindest zwischen Heilbronn und Eppingen niemals.

Zum Foto: Über die Kocherbrücke südlich von Schwäbisch Hall dröhnt im Mai 1994 eine der noch für Sonderfahrten zur Verfügung stehenden VT 08-Garnituren. Sekunden später wird sie im Haller Tunnel verschwunden sein.

Die oben erwähnte Strecke Heilbronn–Jagstfeld–Osterburken führt uns ins württembergisch-badische Grenzgebiet – und damit auch in eine der merkwürdigsten Episoden der südwestdeutschen Eisenbahngeschichte. Es geht um die badische Odenwaldbahn Heidelberg–Osterburken–Lauda–Würzburg, mit der Baden den Fernverkehr mit Bayern sozusagen auf ein ganz neues Niveau heben wollte – ohne besonderen Erfolg, wie wir heute wissen. Für die Streckentrassierung schied das Neckartal großenteils aus, weil es auf dem linken Ufer zu unwegsam, auf dem rechten zum Teil hessisch war. Also wurde durch den Elsenzgau gebaut: von Heidelberg bis Neckargemünd am linken Neckarufer, dann entlang der Elsenz bis Meckesheim, von dort in Richtung Osten im Schwarzbachtal bis Aglasterhausen, schließlich auf Neckarelz am linken Flußufer zu. Von dort ging (und geht) es durch den Odenwald über Osterburken und Lauda ins bayerische Unterfranken. 1862 war Heidelberg–Neckarelz–Mosbach fertiggestellt, vier Jahre später Mosbach–Osterburken–Würzburg.

Das Foto oben entstand im August 1987 im Bahnhof Meckesheim an der alten Odenwaldbahn. Soeben sind die Züge aus Aglasterhausen, Heidelberg und Heilbronn eingefahren. Im Zweiten Weltkrieg war die Neckarelzer Brücke gesprengt, der Personenverkehr zwischen Aglasterhausen und Neckarelz anschließend eingestellt worden. Von Aglasterhausen bis Meckesheim wird die alte Odenwaldbahn heute von der SWEG bedient. Wichtiger ist längst die 1868/69 eröffnete Strecke Meckesheim–Steinsfurt–Jagstfeld (–Heilbronn). Der Schienenbus neben dem SWEG-Triebwagen wartet auf Ausfahrt in Richtung Jagstfeld, der Gegenzug ist mit einer V 100 bespannt.

Die heutige Linienführung Heidelberg–Eberbach–Neckarelz durchs Flußtal kam erst 1879 zustande. Bis dahin hatte sich vor allem Baden quergelegt, denn man befürchtete, daß mit der hessischen Odenwaldbahn Hanau–Eberbach und einer von Eberbach neckaraufwärts nach Heilbronn führenden Linie der Ertrag der Hauptbahn im Rheintal zugunsten Hessens und Württembergs geschmälert werden könnte. Was um so dramatischer gewesen wäre, als durch die inzwischen aufgeflammte Konkurrenz mit den Elsaß-Lothringischen Reichseisenbahnen die Gewinne der Hauptbahn in Gefahr geraten waren. Und von den auf der Hauptbahn erwirtschafteten Überschüssen hing das Wohl der Großherzoglich Badischen Staatseisenbahnen ab. Letztendlich konnte man sich dem Werben des hessischen Nachbarn doch nicht widersetzen und willigte in den Bau der Neckartalbahn ein. Aber auch die nun wesentlich günstigere Linienführung hauchte der Odenwaldbahn kein pulsierendes Leben ein.

Im Bahnhof Neckargemünd zweigt die Flußtallinie von der alten Meckesheimer Trasse ab. Hier ist es die in Mannheim stationierte dieselelektrische Versuchslok 202 004, die in Neckargemünd mit einem Güterzug in Richtung Heilbronn den jüngeren Weg einschlägt (Oktober 1983).

Daß Baden nach Fertigstellung der Elsenztal-Linie lange zögerte, für die Odenwaldbahnen (badische wie hessische) nun auch noch die Flußtalvariante zwischen Neckargemünd und Jagstfeld zu realisieren, hatte einleuchtende Gründe. Die Staatsbahnkasse litt wie erwähnt unter dem scharfen Wettbewerb mit der linksrheinischen Magistrale, der Eigenverkehr der Orte im Flußtal war nicht gerade überwältigend groß, die baulichen Anforderungen dagegen ganz erheblich. Das betraf neben der Neckargemünder Brücke (auf der oben ein ET 455 von Mosbach nach Heidelberg rollt/Oktober 1983) vor allem sieben Tunnels. Für eine Strecke, deren wirtschaftliche Basis mehr als zweifelhaft war, ein gewaltiger Aufwand.

Dennoch: Mit Fertigstellung der Neckartalbahn ging es mit dem Abschnitt Mekkesheim–Neckarelz der Elsenzlinie erwartungsgemäß rasch bergab, der Verzicht auf den Wiederaufbau der 1945 gesprengten Neckarelzer Brücke dokumentiert die relative Bedeutungslosigkeit. 1972 wurde die Neckartalbahn elektrifiziert. Notwendig geworden war dies in erster Linie für den Güterverkehr in der Relation Mannheim–Stuttgart, der nun zur Entlastung der alten Hauptbahn Bruchsal–Mühlacker–Bietigheim durchs Neckartal dirigiert werden konnte.

Die Odenwaldbahn gilt das Musterbeispiel einer mißratenen Fernstrecke. „In ihren finanziellen Ergebnissen enttäuschte sie wie selten eine Linie", urteilte ihr Biograph Albert Kuntzemüller. Nun das Musterbeispiel einer mißglückten Nebenstrecke. Gemeint ist die in Nekkarsteinach (also auf hessischem Terrain) von der Nekkartalbahn abzweigende Linie nach Schönau, deren Bau von Baden wenige Tage nach Ausbruch des Ersten Weltkrieges per Gesetz festgelegt worden war. Das Vorhaben ruhte jedoch, und erst in den 1920er Jahren griff die Reichsbahn die Sache wieder auf. Hier wie in vielen ähnlichen Fällen ging es in erster Linie um Arbeitsbeschaffungsmaßnahmen, an sich war die Zeit der Nebenbahnen längst zugunsten des Omnibusses und des Lkw abgelaufen. Am 21. Oktober 1928 wurde die Strecke eröffnet, 41 Jahre später wurde der Personenverkehr wieder eingestellt, bald auch der Güterverkehr. Heute dient die Trasse größtenteils als Wanderweg.

Eine interessante Karriere bahnte sich Mitte der 1980er Jahre für den Bahnhof Schönau an, wo ein regionales Eisenbahnmuseum mit typischen Fahrzeugen des Main-Neckar-Raumes entstehen sollte. Diese Fotos vom August 1987 zeigen aber, daß der Zahn der Zeit weiternagen konnte.

Zum Foto auf der Seite rechts: Mögen die wirtschaftlichen Daten der Neckartalbahn noch so wenig überzeugend gewesen sein, ihre landschaftlichen Vorzüge sind unbestreitbar. Hier bilden Schloß und Ort Zwingenberg und der Odenwald das prächtige Panorama über dem hochwasserführenden Neckar. Der mit einer 143 bespannte Güterzug ist in Richtung Heidelberg unterwegs (April 1994).

Zu den zahlreichen sehenswerten Orten des unteren Neckars gehört auch Gundelsheim mit seinem historischen Stadtbild, das vom ehemaligen Deutschordensschloß Horneck überragt wird. Nach dem Heidelberger ist es das größte Schloß am Neckar. Der in Richtung Heidelberg ausfahrende Eilzug von Heilbronn mit 110 171 an der Spitze wird wenige Minuten später in Neckarelz seinen nächsten Zwischenhalt einlegen. Dort trennen sich die Neckartalbahn und die eigentliche Odenwaldbahn über Mosbach und Lauda in Richtung Würzburg. Auf den folgenden Seiten werden wir uns noch einmal mit ihr und ihren Nebenstrecken zu beschäftigen haben.

456 112 hat Einfahrt in Bahnhof Mosbach (Juni 1985). Ebenso wie die Sonderlinge bzw. Oldtimer der Baureihen ET 425, 427 und 455 verdienten sich auch die ET 456 ihr Gnadenbrot in Württemberg und Nordbaden. Die sieben dreiteiligen Garnituren dieser Baureihe waren ursprünglich für den Stuttgarter Vorortverkehr bestimmt und technisch der Baureihe 455 sehr ähnlich. Ihr „Eierkopf-Design", das der Optik der VT 08/12-Dieseltriebzüge entspricht (siehe Seite 122), weist sie als typische Produkte der frühen 50er Jahre aus.

„Badische Opulenz" – diesmal geht es um das Stationsgebäude von Adelsheim an der zweigleisigen Hauptbahn Neckarelz–Mosbach–Osterburken (–Würzburg), der badischen Odenwaldbahn also. Der kleine Ort erhielt ein so prächtiges Bahnhofsgebäude, daß man nur annehmen kann, die Staatsbahn wollte den vielen Schloßbauten der Herren von Adelsheim etwas Adäquates an die Seite stellen. Die Station liegt in einer engen Kurve und ist längst nur noch ein simpler Haltepunkt, das Stationsgebäude jedoch existiert nach wie vor und lädt heute als Gaststätte zum Verweilen ein.

Die Strecke Neckarelz–Osterburken–Lauda zählt landschaftlich zweifellos zu den schönsten Baden-Württembergs. Die zweigleisige Hauptbahn ist seit 1975 elektrifiziert, spielt aber praktisch nur noch im Güterverkehr eine überregionale Rolle. Die Fernreisezüge zwischen Norddeutschland und Stuttgart nehmen heute den weit schnelleren, wenn auch längeren Weg über Frankfurt am Main und die Schnellfahrstrecke Mannheim–Stuttgart. Da aber auch der Ferngüterverkehr sich längst in bescheidenerem Rahmen abspielt, gilt weiter das alte Urteil, daß dem großen Aufwand eigentlich nie ein angemessener Ertrag gegenübergestanden hat – am allerwenigsten vielleicht heute.

Und noch einmal die seinerzeit vieldiskutierte „badische Opulenz". In Osterburken, wo die württembergische Zweigbahn aus Jagstfeld (auch sie elektrifiziert und großenteils zweigleisig) auf die badische Odenwaldbahn trifft, entstand ein Stationsgebäude, wie es nach Maßen und Eleganz einer Großstadt gut zu Gesicht stehen würde. Der Architekt hatte sich offensichtlich vom ersten Karlsruher Empfangsgebäude, bei dem ebenfalls kubische Eckpavillons den eingeschossigen Mitteltrakt begrenzen (die im Bild oben zu erkennenden Anbauten im Hintergrund sind jüngeren Datums), inspirieren lassen. Dabei dürfte Osterburken zur Zeit der Streckeneröffnung nur wenige hundert Seelen gezählt haben. Osterburken ist übrigens kein typischer Eisenbahnerort geworden, sondern nach wie vor eine stille, landwirtschaftlich geprägte Gemeinde.

140 639 hat vor wenigen Minuten mit einem Nahverkehrszug aus Heilbronn Osterburken erreicht und drückt nun die Wagengarnitur zurück auf ein Abstellgleis. Dann liegt wieder Stille über dem großen Bahnhof im beschaulichen Nordbaden.

„Badisch Sibirien" wird das Bauland im Nordosten des Odenwalds auch genannt. Das deutet zum einen auf die ungünstigen klimatischen Verhältnisse hin, die wenig mit dem sonnenverwöhnten Oberrheingraben beispielsweise gemein haben. Das deutet zum anderen aber auch auf die schlechte verkehrstechnische Erschließung hin, derer man sich natürlich auch schon im alten Großherzogtum bewußt war. Die wichtigste – und inzwischen auch die einzige – Bahnlinie des Baulands ist nach wie vor die sehr kurven- und steigungsreiche Strecke von Seckach (an der Hauptstrecke Neckarelz–Osterburken) nach Miltenberg am Main im bayerischen Unterfranken. 1887 wurde das erste Teilstück Seckach–Walldürn eröffnet, erst zwölf Jahre später folgte die Verlängerung nach Amorbach/Bayern und dann nach Miltenberg.

Immerhin bestimmen inzwischen moderne Fahrzeuge das Geschehen auf den Gleisen. Dieser VT 628 ist unterwegs von Seckach nach Walldürn, nächster Halt ist Buchen/Odenwald.

Der mit einer „Bügelfalten"-110 bespannte Nahverkehrszug von Lauda nach Würzburg wird sogleich einen Zwischenstopp in Grünsfeld einlegen. Die letzten Strahlen der abendlichen Wintersonne liegen über der Ortschaft und dem Zug, die Hügel im Hintergrund versinken bereits in der Dunkelheit.

In Lauda zweigt von der Odenwaldbahn nach Würzburg die Taubertallinie nach Wertheim/Main ab (erbaut 1867/68), außerdem etwas weiter südlich, in Königshofen, die gemeinsam mit Württemberg realisierte Linie nach Crailsheim (eröffnet 1869). Lauda stieg damit zu einem regional bedeutenden Bahnknoten auf, was man dem Ort noch heute ansieht. So hat neben dem noch weitestgehend original erhaltenen Empfangsgebäude (das kleine Foto zeigt ein Detail der Eingangshalle) ein ganzes Ensemble schöner Bahnbauten überlebt.

Aber auch die anderen Stationsgebäude der Taubertalbahn befinden sich großenteils noch in gutem Zustand, zweifellos ein Verdienst der massiven – oder müssen wir sagen „opulenten"? – badischen Bauweise. Das gilt beispielsweise für Tauberbischofsheim, wo der Nahverkehrszug von Lauda nach Wertheim soeben den Hausbahnsteig erreicht hat. Typisch badische Bauten des 19. Jahrhunderts sind auch der hölzerne Güterschuppen und die kleine Pfarrkirche aus Sandstein im Hintergrund.

In Wertheim im äußersten Nordosten Badens endet die Taubertalbahn. 1881 erhielt sie Anschluß an die bayerische Maintallinie Lohr–Miltenberg, die zwischen Wertheim und Lohr längst wieder Geschichte ist. Der aus Richtung Lauda kommende Eilzug, der soeben durch die schöne Wertheimer Altstadt rollt, wird nach kurzem Zwischenhalt in Richtung Miltenberg weiterfahren. Seine Fahrt hat in Ulm begonnen, sein Ziel ist Aschaffenburg. Wer Zeit und Muße findet, sollte sich einmal dieses kleine Schienenabenteuer gönnen. Beschaulicher kann man Baden-Württemberg kaum erfahren.

Zum Schluß unserer Reise kommen wir noch einmal nach Württemberg. Zwei Dieselloks der Baureihe 215 verlassen mit einem langen Bauzug aus Lauda den Bahnhof Rot am See in Richtung Crailsheim. Lauda und Crailsheim, das waren in den letzten Jahren der Dampftraktion bei der DB für jeden Eisenbahnfreund wohlklingende Namen. Möge dieses Buch dazu anregen, auch in Zeiten der „langweiligeren" Diesel- und Elektrotraktion Lauda, Crailsheim und all den anderen Orten einen Besuch abzustatten.